차례

여러분의 임무: 알쏭달쏭 물리학의 법칙들을 밝혀라! ······················ 4-5

세상을 움직이는 법칙: 물리학 ·· 6-7

발견의 순간 1: 최초의 물리학자 ·· 8-9

밀고 당기기: 힘 ··· 10-11

미끄럼틀에서: 마찰력 ·· 12

발견의 순간 2: 신경질쟁이 뉴턴 ·· 13

뉴턴의 법칙 ··· 14-15

관성과 운동량 ·· 16-17

중력의 비밀 ··· 18-19

물질이 뭐길래 ·· 20-21

압력을 견뎌라 ·· 22-23

물에 뜨는 행성? ··· 24

발견의 순간 3: 보이지 않는 물리학자 ·· 25

떴다 떴다 비행기 ·· 26-27

귀를 기울이면: 소리 ·· 28-29

안녕, 에너지! ·· 30-31

녹색 에너지를 향해 ··· 32-33

발견의 순간 4: 작지만 위대한 여섯 가지 단순 기계 ··························· 34-35

일 좀 해 볼까 ……………………………………………………………… 36-37
온탕과 냉탕 사이: 열 ……………………………………………………… 38-39
발견의 순간 5: 온도 측정 이야기 …………………………………………… 40
측정 불가! ………………………………………………………………… 41
빛을 보다 …………………………………………………………………… 42-43
파동에 몸을 맡겨 봐 ………………………………………………………… 44-45
방사능! ……………………………………………………………………… 46
발견의 순간 6: 스펙트럼 탐정 이야기 ……………………………………… 47
자석에 끌리는 이유 ………………………………………………………… 48-49
찌릿찌릿 정전기 …………………………………………………………… 50-51
발견의 순간 7: 전기 탐정, 전기의 정체를 밝혀라! ………………………… 52-53
충격 사실! 전기는 흐름이다 ……………………………………………… 54-55
발견의 순간 8: 어메이징 아인슈타인 ……………………………………… 56-57
작지만 큰 의미 ……………………………………………………………… 58
우주에서 오직 지구뿐! ……………………………………………………… 59

용어 설명 …………………………………………………………………… 60-61
찾아보기 …………………………………………………………………… 62-63

여러분의 임무: 알쏭달쏭 물리학의 법칙들을 밝혀라!

반가워! 나는 슈퍼 과학 탐정 셜록 옴즈라고 해(셜록 홈즈 짝퉁 아니래도!). 우주의 비밀이 궁금하지 않니? 물리학을 알면 이 세상을 좀 더 잘 이해할 수 있어. 나와 함께 로켓을 타고 이 세상 모든 것의 비밀을 밝히는 여행을 떠나 보자.

집에서 해 봐!

이 플라스크 기호는 우주의 규칙을 밝히는 데 도움이 되는 흥미진진하고 안전한 실험을 집에서도 해 볼 수 있다는 뜻이야!

과학자들은 우주의 나이가 138억 년이라고 해. 하지만 우주가 언제, 어떻게 시작했는지 확실히 아는 사람은 없어. 여전히 조각이 몇 개 빠진 퍼즐로 남아 있지.

하지만 수천 년 동안 똑똑한 탐정들이 수사를 통해 지구뿐만 아니라 우주 저 너머에 이르기까지, 이 세상에서 사물이 작동하는 방식을 지배하는 많은 규칙을 밝혀냈어.

과학자들은 이런 규칙들을 '법칙'이라고 불러. 이 법칙은 거의 모든 물질과 에너지에 적용돼. '거의 모든'이라고 한 건 법칙이 통하지 않는 아주아주 작은 것이 있기 때문이야. 오른쪽 페이지에서 그것에 대해 알려 줄게.

이 책에서는 큰 것들을 다룰 거야. 우리가 만지고, 듣고, 보고, 관찰하고, 측정할 수 있는 것들이지. 생쥐에서 별똥별까지, 인간과 로켓과 자동차부터 항성과 소용돌이치는 은하에 이르기까지 세상 모든 것에서 실제로 작용하고 있는 법칙들을 살펴볼 거야.

세상을 움직이는 이런 법칙들은 한마디로 정말 짱이야! 이 법칙들을 알면 로봇 탐사선이 화성까지 가는 경로도 계획할 수 있고, 사람을 달에 착륙시킬 수도 있고, 아주 먼 별에서 오는 신호도 들을 수 있어. 그것 말고도 할 수 있는 게 정말 많아. 우리가 살고 있는 세상의 시작과 끝을 알게 될지도 모르지!

어때? 우주의 비밀이 알고 싶어졌지? 그렇다면 털북숭이 친구 해티, 래틀리와 함께 이 로켓에 올라타. 안전벨트 매는 거 잊지 말고! 우주의 비밀을 파헤치러 떠나 볼까!

바위에서 로켓으로

인류가 지구에 등장한 후로 약 30만 년 동안 우리가 사용하는 도구는 정말 많이 변했어. 하지만 도구가 작동하는 법칙은 변하지 않아. 뾰족한 창이 공중으로 날아가는 원리가 지구의 중력을 이기고 우주로 날아가는 로켓에도 그대로 적용되거든. 그리고 그 원리에 따라 창과 로켓은 다시 땅 위로 내려오지.

펑!

우주와 그 안에 든 세상 만물은 138억 년 전 거대한 폭발에서 생겨났다고 해. 이 사건을 '빅뱅'이라고 불러(빅뱅은 '대폭발'이라는 뜻). 원자보다도 작은 점 하나에 어마어마하게 뜨겁고 밀도가 높은 에너지가 들어 있었어. 이것을 '특이점'이라고 하지. 이 특이점이 순식간에 수십억 배로 확장하면서 물질, 빛, 시간을 창조해 냈고, 항성, 행성, 은하, 공룡, 할머니, 샌드위치, 선생님, 그리고 마침내 여러분도 만들어 냈어!

이론? 그게 뭔데?

과학자들은 '빅뱅' 같은 아이디어를 이론이라고 불러. 이론이란 지금까지 일어난 어떤 일을 설명할 수는 있지만, 아직 증명하지는 못한 아이디어를 말해. 그래서 과학 탐정들은 실험과 관찰을 통해 이런 이론을 뒷받침해 줄 증거를 찾으려 하지. 이 책에 나오는 '발견의 순간 — 만화로 보는 물리학의 역사'를 보면 알 수 있겠지만 슈퍼스타 과학자의 아이디어라고 해서 항상 옳은 것은 아니야!

크기 문제(예외에 관하여)

우주는 정말 커. 우주가 어떻게 생겼는지는 아무도 정확히 모르지만, 그 폭은 약 900,000,000,000,000,000,000,000킬로미터일 거라고 해. 지구에서 태양까지 거리보다 6,000조 배나 되는 거리야. 반대로 우주에서 가장 작은 건 원자핵 하나를 1조 개로 나눈 다음, 그걸 다시 100만 개로 나눈 크기밖에 안 돼. 이렇게 엄청나게 작은 크기와 광속에 가까운 빠른 속도에서는 이 책에 나와 있는 법칙들이 무너져. 그 영역에서는 다른 법칙이 적용되지. 하지만 어째서 그런 건지는 아직 몰라. 56쪽에서 이 미스터리에 대해 더 다뤄 볼게!

세상을 움직이는 법칙: 물리학

사람들은 수천 년 동안 우주의 비밀을 알아내려 했지. 그 단서를 제일 먼저 찾아 나선 사람은 분명 밤하늘을 바라보며 저 멀리 보이는 별의 정체를 궁금해하던 사람일 거야.

온통 수수께끼에 싸여 있던 아주 먼 옛날, 물체와 에너지가 작동하는 이유를 종교와 미신의 힘을 빌리지 않고 설명하려는 과학 분야가 생겨났지.

요즘에는 이 과학 분야를 '물리학'이라고 불러. 물리학을 의미하는 영어 단어 'Physics'는 '자연에 관한 지식'을 의미하는 고대 그리스어에서 유래했어.

수천 년 전에 시작해서 서서히 발전한 물리학을 통해 사람들은 운동, 자기, 빛, 소리, 전기, 에너지, 열 등 다양한 주제를 다루며 우주에 대해 많은 것을 이해하게 됐어. 방금 이야기한 모든 주제가 물리학 분야에 해당해.

그러다가 불과 백여 년 전, 놀라운 발견과 함께 위대한 사상가들이 등장했어. 이들은 물리학을 한 단계 위로 끌어올렸지. 그러면서 새로운 법칙과, 머리가 핑글핑글 도는 수학이 필요해졌지.

수천 년 전부터 20세기 초까지의 발견들을 '고전물리학'이라고 불러. 아주 작고, 아주 빠르고, 아주 무거운 것을 다루는 새로운 과학은 '현대물리학'이라고 부르지.

이 책에서는 이 두 가지 모두 알아볼게. 해티와 래틀리가 도와줄 거야!

자연의 과학

고대 그리스인들은 자연을 아주 꼼꼼히 들여다보았어. 그렇게 탄생한 물리학은 살아 있는 것에 관한 학문인 생물학과, 물질과 화학물질, 그리고 이것들이 어떻게 작용하는지 연구하는 학문인 화학과 함께 '자연 과학'으로 불리지. 하지만 이 모든 걸 지배하는 건 물리학의 법칙이야. 래틀리가 몸을 움직이고, 체온을 유지하고, 눈으로 보는 것 모두 물리학의 법칙을 따르지. 해티가 먹는 음식은 일종의 화학이지만, 그 음식에서 나오는 에너지도 결국은 물리학의 법칙을 따라. 언제나 물리학이 우선이야!

물리학자? 의사?

영어로는 의사를 'physician'이라고 해. 물리학자는 'physicist'라고 하지. 비슷하지? 두 단어의 어원이 같거든. 의사를 영어로 'doctor'라고도 부르는데, 물리학 박사도 'doctor of physics'라고 불러서 헷갈려!

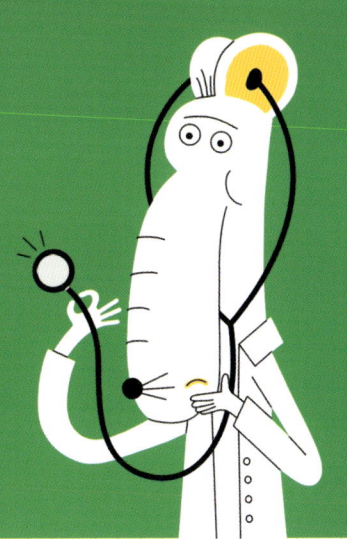

물리학자 하기 좋은 얼굴?

사람들은 과학자 하면 헝클어진 백발의 독일 출신 과학자 알베르트 아인슈타인을 떠올릴 때가 많아. 아인슈타인은 정말 똑똑한 사람이었지. 그는 놀라운 이론을 제시하며 현대물리학이 나아갈 길을 닦아 주었어. 그가 예측한 내용 중에는 100년이 지난 지금에 와서야 옳다고 증명된 것도 있지! (56쪽 참고)

고전물리학

열역학은 열, 일, 온도 등 여러 형태의 에너지를 연구하는 물리학 분야야. 30쪽부터 열역학을 설명할게.

전자기학은 전기와 자기, 즉 전자기를 연구하는 분야야. 전자기학이 궁금하다면 44쪽부터 보면 돼.

동역학은 밀어내고 당길 때 발생하는 힘을 다루는 물리학이야. 그 비밀은 10쪽부터 나와 있어.

운동역학과 **정역학**은 각각 운동하는 물체와 멈춰 있는 물체를 연구하는 물리학이야. 14쪽부터 나오는 법칙을 배워 봐.

광학은 자외선과 적외선, 가시광선 같은 빛의 성질을 연구하는 물리학 분야야. 42쪽을 펼쳐 봐.

음향학은 소리와 파동을 연구하는 물리학 분야야. 그와 관련한 법칙은 28쪽부터 나올 거야.

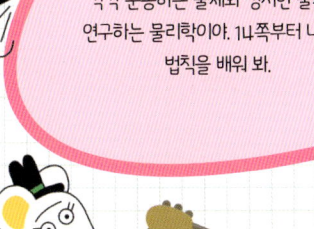

현대물리학

가장 작은 아원자 입자에서부터 블랙홀과 그 너머에 이르기까지, 우주에 존재하는 모든 것을 하나로 이어 주는 비밀의 법칙을 찾아 나서는 미래의 물리학이야. 56쪽부터는 머리를 쥐어짜야 할걸?

최초의 물리학자

밀고 당기기: 힘

힘은 우주 전체에서 쉬지 않고 작동하고 있어. 그중에는 중력이나 자기력처럼 보이지 않는 것도 많지만 그래도 그 영향은 감지할 수 있지.

힘은 밀어내는 힘과 당기는 힘 두 가지로 나눌 수 있어. 공중으로 공을 던질 땐 팔의 근육이 공을 앞으로 밀어내는 추진력을 제공하지. 하지만 보이지 않는 두 종류의 당기는 힘이 공에 작용해서 속도를 늦추고 다시 땅으로 내려오게 만들어. 하나는 공의 움직임을 방해하는 공기의 마찰력이고, 다른 하나는 공을 아래로 잡아당기는 중력이야.

우리가 밝혀내야 할 힘이 많아. 그중에는 물체와 맞닿은 채 작용하는 접촉력도 있고, 중력처럼 물체와 닿지 않고 작용하는 비접촉력도 있지.

공놀이나 운동을 할 때는 물론, 우주여행을 하기 위해서는 힘이 어떻게 작용하는지 반드시 이해해야 해.

접촉력

독서의 무게

우리가 의자에 앉아 책을 읽는 동안에도 힘은 작용하고 있어. 중력으로 생긴 책의 무게와 여러분의 체중이 합쳐져서 의자를 아래로 내리누르지. 이것을 수직력이라고 해. 이때 의자는 반대 방향으로 작용하는 반작용력으로 밀어서 그 무게를 버티지. 의자가 여러분의 체중을 버텨 내면 수직력과 반작용력 두 힘이 균형을 이룬 거야. 만약 의자가 체중을 버티지 못하면 힘의 균형이 깨지면서 여러분은 책과 함께 바닥에 쿵 찧게 될 테고.

힘의 균형이 깨지면 물체의 운동에 변화가 생겨. 움직이지 않던 물체라면 움직이기 시작할 거고, 움직이고 있던 물체라면 빨라지거나, 느려지거나, 방향이 바뀌지.

공을 차는 법

힘의 속성에는 크기뿐만 아니라 방향도 있어. 예를 들어 축구공을 정면으로 차면 찬 방향으로 곧장 날아가. 하지만 공을 비껴 차서 회전을 줄 수도 있어. 그럼 회전력이 발생해서 공이 휘어지며 날아가지. 이렇게 휘어지게 차면 골키퍼는 속일 수 있겠지만 물리학자는 못 속여.

팔딱팔딱 스프링

깜짝 상자에는 인형과 스프링이 들어 있어. 뚜껑을 여는 순간 눌려 있던 스프링이 인형을 밀어내지. 반대로 스프링을 늘리면 당기는 힘으로 작용해.

접촉력

꿈쩍 않는 바위

물체를 힘주어 밀거나 당겨도 움직이지 않으면 그것을 정적인 힘이라고 해. 하지만 밀거나 당기는 힘이 충분히 커지면 물체가 움직이지. 그러면 미끄럼(운동) 마찰력이 발생해서 속도를 늦추거나 멈추게 하는 거야(12쪽). 래틀리를 위해서라도 바위가 멈추길 빌자고!

연날리기

어떤 접촉력은 눈에 보이지 않아. 연을 하늘 높이 띄워 주는 바람은 공기 저항, 즉 항력이라는 접촉력이야(26쪽). 이때 해티와 연 사이의 줄에서 발생하는 팽팽한 힘은 장력이라고 하지.

빙글빙글 돌아라

공을 줄에 매달아서 돌리면 방향이 계속 바뀌는 회전력과 함께 손 방향으로 줄에 작용하는 장력이 생겨. 이것을 구심력이라고 해.

비접촉력

보이지 않는 힘

눈에 보이지는 않지만 현대 세계에 큰 영향을 끼친 힘이 있어. 중력(18쪽), 전기력(54쪽), 자기력(48쪽)을 예로 들 수 있지.

작은 세상

현대물리학은 원자, 그리고 그보다 작은 입자에 작용하는 두 가지 기본 힘을 밝혀냈어. 약력과 강력이라는 건데 이것을 알면 이 세상(우주)에서 물질이 어떻게 운동하는지 알 수 있지.

🧪 날아라, 풍선!

로켓은 엔진에서 뜨거운 기체가 뿜어져 나오며 민들이 내는 힘이 로켓 무게와 공기 저항보다 크면 하늘로 떠올라. 이 원리를 이용해 풍선을 날릴 수 있어. 입으로 바람을 힘껏 불어서 풍선을 부풀려 봐. 그리고 그 입구를 막으면 팽팽하게 늘어난 풍선 안에 탄성력이 저장돼. 손을 놓으면 탄성력이 공기를 풍선 밖으로 밀어내면서 힘의 균형이 깨지고, 풍선은 앞으로 쌩 날아가지!

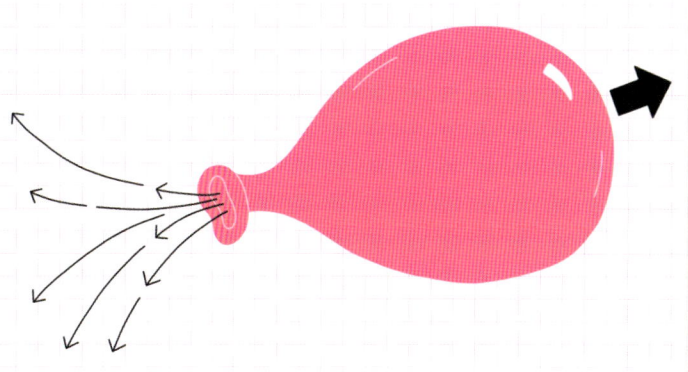

미끄럼틀에서: 마찰력

이상하게 들리겠지만 우리가 매끄럽게 움직일 수 있는 건 마찰력 덕분이야. 이 익숙한 힘이 존재하지 않는다면 우리는 달리지도, 뛰어오르지도, 운동을 하지도, 자전거를 타지도 못해. 달에서는 물론이고 지구에서도 제대로 걸을 수 없을 거야.

발과 바닥 사이에서 발생하는 마찰력 덕분에 우리는 발로 땅을 박차고 앞으로 나갈 수 있어. 얼음판처럼 마찰력이 낮은 곳에서는 앞으로 나가지 못하고 계속 한 자리에서 미끄러지기만 할 수도 있지.

꽉 잡아!

오돌토돌한 지문은 손가락과 물건 사이의 마찰력을 높여서 움켜쥐는 걸 도와주지. 또 마찰력은 열을 발생시켜. 손을 비비면 따뜻해지는 이유야.

꽉 움켜잡아!

국제 우주 정거장에서는 몸이 둥둥 뜨고, 그 바람에 발과 바닥 사이의 마찰력도 부족해서 걷기가 힘들어. 그래서 우주 비행사는 벽에 설치한 손잡이를 꽉 움켜쥐고 움직이지.

거칠기와 마찰력

마찰력은 물체들이 서로 비벼질 때 생겨. 매끈한 표면보다는 거친 표면에서 마찰력이 크지. 서핑 보드 아랫면을 반짝거릴 정도로 매끈하게 유지하는 것도 그 때문이야. 무게가 많이 나가도 마찰력이 커. 그래서 작은 돌멩이보다 큰 바위를 움직이기가 더 힘들지.

반질반질 기름칠

부품들 사이의 마찰력을 줄여 주면 기계가 훨씬 잘 돌아가. 움직이는 부품에 윤활유로 기름칠을 하는 이유지.

🧪 마찰력을 느껴 봐

책상 위에 무거운 책을 올려놓고 밀어 봐. 마찰력 때문에 잘 안 밀리지? 책 아래 연필을 몇 개 깔아 놓고 다시 해 봐. 연필이 롤러처럼 구르면서 마찰력을 줄여 줘서 훨씬 잘 밀릴 거야.

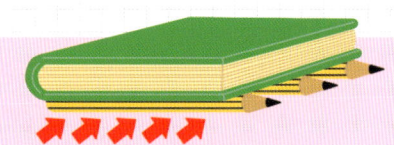

바람과 파도

공기 저항도 일종의 마찰력이야. 로켓의 끝부분을 가늘고 뾰족하게 만들고, 자동차와 비행기, 자전거 헬멧을 유선형으로 만드는 것도 그 때문이지. 쾌속정을 유선형으로 만드는 이유도 물을 잘 뚫고 움직이기 위해서야.

🧪 더 강한 마찰력을 느껴 봐

종이책 두 권을 준비해. 그리고 한 장 한 장 번갈아 가며 맞물리게 한 다음, 꽉 눌러서 틈에 있는 공기를 빼내. 이제 책을 양쪽으로 잡아당겨 봐. 종이들 사이의 마찰력 때문에 꿈쩍도 안 할 거야!

자전거 타기

마찰력이 없다면 자전거를 탈 수도 없을 거야. 자전거가 앞으로 나가려면 고무 타이어가 도로를 뒤쪽으로 밀면서 생기는 추진력이 필요하거든. 자전거의 방향을 조정하고, 브레이크로 멈출 수 있는 것도 다 마찰력 덕분이야.

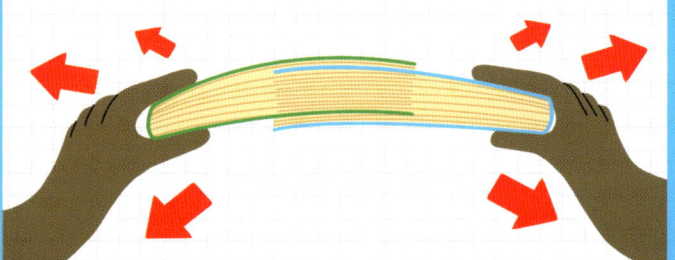

발견의 순간 2

신경질쟁이 뉴턴

뉴턴의 법칙

놀라지 마! 굉장한 사실을 알려 줄 테니까! 현재 인간이 만든 가장 빠른 물체는 파커 태양 탐사선이야. 자동차 크기의 이 탐사선은 2013년에 미국의 항공우주국 NASA에서 우주로 날려 보냈지. 지금도 태양 주위를 가까이에서 돌면서 태양을 관찰하고 있어.

임무를 마치는 2025년이 되면 이 탐사선은 초속 200킬로미터라는 놀라운 속도로 날고 있을 거야.
이 페이지의 제일 위쪽부터 여기까지 읽는 시간 동안 파커 탐사선은 약 6,000킬로미터를 날아간다는 말이지. 서울과 여수를 열 번 왕복하는 거리야. 정말 놀랍지!

지구에서 그렇게 멀리 떨어져 있어도 탐사선은 아이작 뉴턴이 1660년대에 지구에서 처음으로 발표한 운동의 법칙을 그대로 따라. 하지만 신경질쟁이 뉴턴은 스피드광은 아니었나 봐. 자신의 아이디어를 책으로 발표하는 데는 20년이 걸렸거든. 《프린키피아》라는 제목을 단 이 책은 역사상 가장 유명한 물리학 교과서가 되었지.

뉴턴의 운동 법칙 세 가지가 우주선에만 적용되는 건 아니야. 화살, 비행기, 자전거, 배, 공, 사람, 행성, 그리고 우주선 조종간을 잡은 해티와 래틀리 같은 설치류에게도 그대로 적용돼.

태양을 향한 뜨거운 열정

파커 태양 탐사선은 태양을 연구한 미국의 물리학자 유진 파커 (1927~2022)의 이름을 따서 지은 거야. 살아 있는 사람의 이름을 붙인 최초의 우주선이지. 이 탐사선의 메모리에는 자기 이름이 태양에 닿기를 바라는 100만 명이 넘는 사람의 정보가 담겨 있어.

값진 책 한 권

뉴턴의 《프린키피아》는 '원리'라는 뜻인데, 훨씬 긴 라틴어 제목이 있지만 짧게 줄여서 부르는 거야. 라틴어는 과학자들이 한때 사용했던 옛날 언어지. 1687년에 출판된 이 책은 엄청나게 유명하고, 가치도 엄청나. 2016년 경매에서 이 책의 초판이 약 50억 원에 팔렸을 정도니까. 하지만 뉴턴이 과연 이 소식을 듣고 행복해할지는 모르겠네.

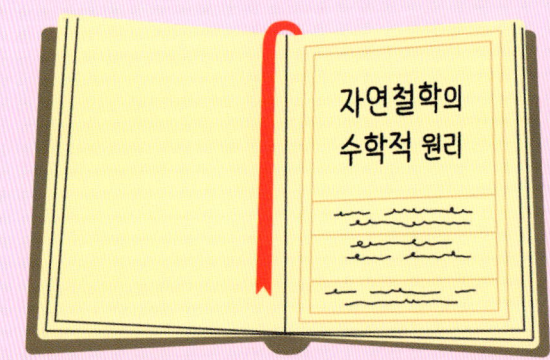

운동 관련 용어

물리학자들은 운동과 관련해 이야기할 때 아주 정확한 용어를 사용해. 여기서 운동은 우리가 즐기는 스포츠가 아니라 모든 움직임을 의미하지.

물체의 질량은 그 안에 담겨 있는 물질의 양을 말하고, 킬로그램(kg) 단위로 측정해.

물체의 무게는 중력이 그 물체에 가하는 힘을 의미하고, 뉴턴(N) 단위로 측정해. 신경질쟁이 아이작 뉴턴의 이름을 따서 지었지. 보통 크기의 사과에는 1뉴턴 정도의 힘이 가해져.

지구에서는 질량과 무게를 같은 것으로 생각하는 경우가 많아. 하지만 질량이 같은 물체라도 중력이 약한 달에서는 지구에 있을 때보다 무게가 6분의 1로 줄어들어.

물체의 속력은 단위 시간 동안 움직이는 거리를 가리키는 말이야. 단위는 미터 매 초(m/s), 킬로미터 매 초(km/s)를 사용하고, 각각 '초속 몇 미터', '초속 몇 킬로미터'로 읽어.

물체의 속도는 특정 방향으로 향하는 속력을 말해. 운동 중인 물체에 힘이 가해져서 방향이 바뀌면, 속력은 같지만 속도는 달라질 수 있어.

가속도란 운동하는 물체의 속도 변화율을 말해. 미터 매 제곱 초(m/s²) 단위로 측정하지. 마찰력처럼 물체의 속도를 늦추는 힘을 '감속력'이라고 해.

전속력으로!

달은 지구 주변을 초속 1킬로미터로 돌고 있어. 하지만 지구의 중력 때문에 끊임없이 방향을 바꾸지. 꾸준히 가속하며 속도가 계속 변화한다는 뜻이야. 사실 달은 계속 우리를 향해 추락하고 있는 거야. 어때, 놀랍지?

🧪 벽과 힘겨루기

안전 장비를 착용하고 롤러스케이트를 신은 다음, 벽을 힘껏 밀어 봐. 그럼 벽도 같은 힘으로 여러분을 뒤로 밀어낼 거야!

뉴턴의 제1운동 법칙

힘의 균형이 깨지지 않는 한 정지한 물체는 그대로 정지해 있고, 움직이던 물체는 같은 속력과 같은 방향으로 계속 운동한다. 이것을 관성이라고 한다(16쪽을 참고해).

해티는 밀지 않는 한 그대로 정지해 있고, 스케이트보드를 타고 있는 래틀리는 힘을 가하지 않는 한 계속 나아가지.

뉴턴의 제2운동 법칙

힘에 의한 물체의 가속도는 물체의 질량과 힘의 크기에 좌우된다.

래틀리를 두 명 밀려면 한 명 밀 때보다 두 배로 힘들지.

뉴턴의 제3운동 법칙

모든 작용에는 힘은 같고 방향은 반대인 반작용이 따른다.

해티가 래틀리를 밀면, 래틀리도 크기는 같고 방향은 반대인 반작용으로 밀어. 그래서 서로 멀어지지.

관성과 운동량

물체는 변화에 저항해. 뉴턴의 제1운동 법칙(15쪽)에 따르면 정지한 물체는 밀거나 당겨 주어야 움직이기 시작해. 마찬가지로 움직이고 있는 물체의 속력이나 운동 방향을 바꾸려면 힘이 필요하지. 이러한 원리를 과학자들은 '관성'이라고 불러.

안전벨트!

우주 비행사가 우주선에서 벨트로 몸을 고정하고, 우리가 차에서 안전벨트를 매는 것도 모두 관성 때문이야. 움직이던 차가 갑자기 속력을 줄이면 안에 있던 물체나 사람은 계속 앞으로 나아가려 하지. 그래서 운전자나 승객이 다칠 수 있어. 우주에는 중력이 없어서(이건 무게가 없다는 것과 같은 말이지!) 살짝만 밀어도 날아가 버리기 때문에 벨트를 단단히 매야 해!

🧪 교통사고!

장난감 자동차 위에 장난감 로봇을 올리고 부드럽게 밀어서 장애물에 충돌시켜 봐. 차는 멈추겠지만 위에 올린 로봇은 관성 때문에 앞으로 날아갈 거야. 요즘 자동차는 충돌할 때 앞부분이 잘 찌그러지게 만들어. 앞부분이 찌그러지면서 충돌 에너지의 일부를 흡수해 주어서 안전하지.

🧪 관성 관찰하기

그림처럼 책상 가장자리에 체커 게임 말을 쌓은 다음, 옆쪽에서 자로 깔끔하게 쳐 내면 검은색 말만 빼낼 수 있어. 검은색 말은 날아가지만, 관성 덕분에 다른 말들은 그대로 쌓여 있을 거야. 말이 어디로 날아가는지 잘 봐야 해!

🧪 동전 묘기!

손가락 끝에 뻣뻣한 카드 한 장을 올려놓고, 그 위에 다시 동전을 하나 올려. 그런 다음 카드를 재빨리 빼내면 동전은 손가락 위에 남아 있을 거야. 잘 차려 놓은 식탁에서 식탁보만 빠르게 잡아당겨 빼내고 그릇들은 온전히 남기는 묘기의 미니 버전이지.

충돌 궤도

움직이는 물체는 물리학자들이 말하는 '운동량'을 갖고 있어. 운동량은 질량 곱하기 속도로 구하지. 무겁고 빠른 물체는 가볍고 느린 물체보다 운동량이 커. 그리고 물체가 충돌하면 자기가 갖고 있던 운동량의 일부나 전부가 다른 물체에 전달돼. 당구에서 이런 사례를 볼 수 있지. 한 공이 다른 공을 때리면 운동량이 전달돼서 두 번째 공이 움직이기 시작해. 당구 선수들은 운동량의 대가야!

충돌을 이용한 스포츠

물리학에서는 충돌을 두 가지로 나눠. 먼저 충돌하는 물체의 운동 에너지가 보존되는 걸 탄성 충돌이라고 해. 당구공이 다른 당구공과 부딪히는 건 마찰력과 소리로 에너지를 일부 잃기는 하지만 탄성 충돌에 가깝지. 반대로 운동 에너지를 잃는 충돌을 비탄성 충돌이라고 하는데, 이걸 이용해서 우리를 안전하게 지킬 수 있어. 자동차의 잘 찌그러지는 앞부분과 자전거 헬멧이 우리를 보호하는 것도 이 원리를 이용한 거야.

🧪 동전 날리기

매끈한 바닥에 가장자리끼리 살짝 닿도록 동전 네 개를 줄지어 올려놔. 그중 세 개는 움직이지 못하게 손가락으로 누르고서, 가장 끝 동전을 다섯 번째 동전으로 쳐 봐. 그럼 고정된 동전들을 통해 운동량이 전달돼서 고정하지 않았던 맨 끝 동전이 날아갈 거야!

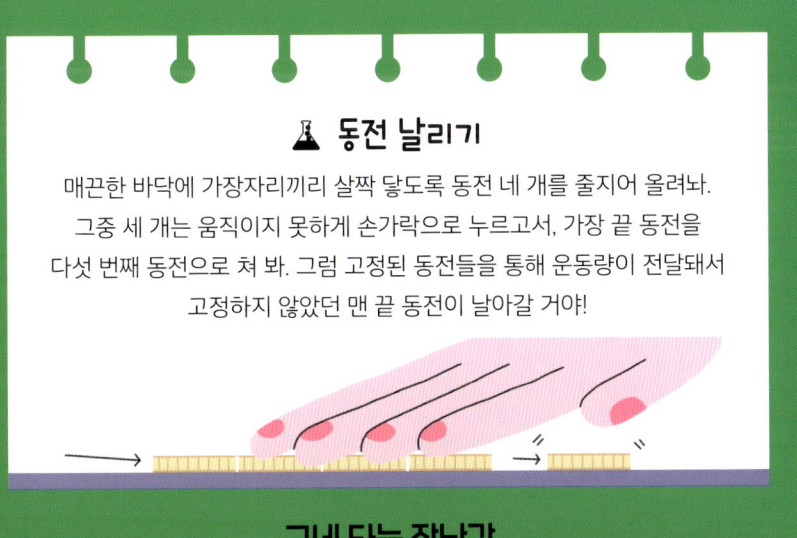

그네 타는 장난감

'뉴턴의 요람'이라는 이름을 가진 이 장난감은 운동량 보존 법칙을 눈으로 관찰할 수 있는 기구야. 여섯 번째 공을 들어 올렸다가 놓으면 다섯 번째 공을 때리겠지? 그럼 운동량이 전달돼서 반대쪽에 있던 첫 번째 공이 그네처럼 튀어 올라. 그 공이 다시 내려와서 두 번째 공을 때리면 반대편 여섯 번째 공이 튀어 오를 거야.

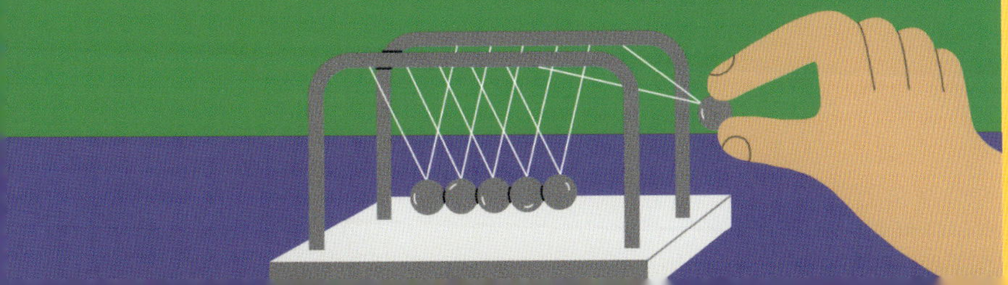

폭탄보다 위험한 소행성?

소행성은 바위로 이루어진 물체야. 행성만큼 크지는 않지만 태양 주변을 빠른 속도로 돌고 있어서 운동량이 엄청나지. 약 6,600만 년 전에 지름 10킬로미터 정도의 소행성이 초속 30킬로미터로 날아와 멕시코만 근처에 떨어졌어. 충돌하면서 나온 에너지로 생긴 먼지구름 때문에 공룡은 멸종하고 말았지.

중력의 비밀

중력은 정말 대단해! 중력 때문에 지구에서 사람도, 생쥐도 무게가 생기지. 또 중력은 우주 곳곳에서 행성, 항성, 은하 들을 만들어 냈어. 그런데 사실 중력은 굉장히 약한 힘이라서 냉장고에 붙이는 자석의 힘도 이기지 못해. 무슨 말인지 궁금하지? 중력의 비밀을 얼른 알아볼까?

무거우면 빨리 떨어진다?

아리스토텔레스가 틀렸어(9쪽). 무겁다고 더 빨리 떨어지지는 않아. 중력은 무게와 상관없이 모든 물체를 똑같은 속도로 잡아당겨. 깃털같이 가벼운 물체가 천천히 떨어지는 이유는 공기의 저항 때문이야. 공기가 없는 진공에서는 망치와 깃털 모두 동시에 떨어질 거야. 1971년에 미국의 우주 비행사 데이비드 스코트가 달 위에서 이것을 증명해 보였지.

당기는 힘

아이작 뉴턴은 중력이 물질로 이루어진 물체들을 서로 끌어당기는 보이지 않는 힘이란 것을 깨달았어(13쪽). 물체에 물질이 많이 들어 있을수록(다시 말해서 질량이 클수록) 잡아당기는 중력도 커지지. 사과가 지구로 떨어지는 이유도 지구가 사과를 잡아당기기 때문이야. 물론 사과도 아주 작은 힘일망정 지구를 끌어당기지.

🧪 어떤 게 먼저?

500원 동전과 50원 동전을 같은 높이에서 떨어뜨려 봐. 어느 쪽이 땅에 먼저 떨어져?

중력과 거리

물체 사이의 거리가 멀어지면 중력도 약해져. 하지만 우리 태양처럼 큰 항성은 질량이 엄청나게 크기 때문에 중력도 커. 그래서 행성, 소행성, 혜성 등을 붙당길 수 있지. 태양이 작은 점으로 보이는 머나먼 곳에 있는 것까지도 말이야.

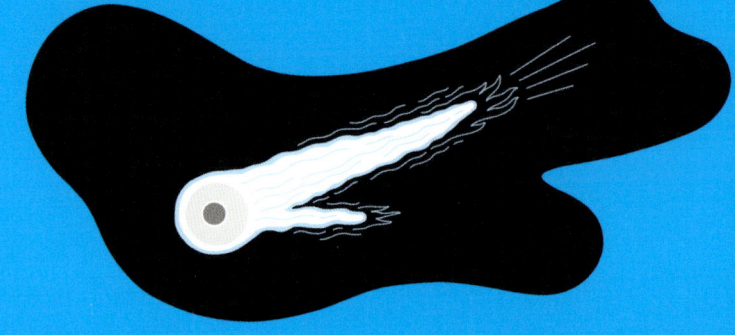

밀물과 썰물

달은 지구의 중력 때문에 지구 주위를 돌지. 하지만 달도 지구를 잡아당겨. 그래서 바닷물이 불룩 솟아오르면서 밀물과 썰물이 만들어지지.

면 뽑기 달인

블랙홀에서는 엄청나게 작은 공간에 어마어마하게 많은 물질이 들어 있어. 여기서 생기는 중력은 어찌나 강한지 빛마저 빨아들이지. 그러니 캄캄할 수밖에 없겠지? 블랙홀에 가까이 다가가면 무자비한 중력이 여러분을 잡아당길 거야. 가까운 신체 부위를 더 세게 끌어당길 테고, 그러면 몸이 스파게티 면발처럼 길고 가늘게 변해 버리지. 이걸 '스파게티화'라고 해.

추락할 땐 낙하산이 필수!

지구의 중력 때문에 떨어지는 물체는 1초에 초속 9.81미터씩 속도가 빨라지지. 스카이다이버는 이렇게 점점 빨라지며 땅을 향해 돌진하다가 공기 저항 때문에 생기는 한계인 '종단 속도'에 도달해. 시속 190킬로미터라는 무시무시한 속도니까 낙하산 챙기는 거 잊지 말라고!

무게의 중심

중력은 물체에서 '무게 중심'이라는 가상의 점에 작용해. 남자 어른이 서 있을 때 무게 중심은 배꼽 근처에 있어. 여자는 조금 더 아래에 있지. 무게 중심이 낮은 물체는 더 안정적이야. 외줄 타기를 할 때 잘 휘어지는 무겁고 긴 막대기를 드는 이유도 그 때문이야.

지포스!

지구 중력의 강도를 중력 가속도 라고 해. 지구 표면에서 측정한 중력 가속도가 1G라면, 롤러코스터를 타는 사람과 우주 비행사는 아주 잠깐 지구 표면 중력의 5배, 즉 5G 정도의 힘을 받아. 이 정도는 안전하지만, 더 높아지면 의식을 잃을 수도 있어.

시공간이 휘어진다고?

알베르트 아인슈타인의 중력에 관한 설명은 현대물리학에서 아주 중요해(56쪽). 그는 모든 물체는 보이지 않는 우주의 구조인 '시공간'을 휘게 한다고 주장했어. 고무판 위에 볼링공을 올려놓으면 고무판이 늘어나며 처지는 것처럼 말이야. 블랙홀처럼 질량이 엄청나게 큰 물체는 질량이 작은 물체보다 시공간을 훨씬 많이 휘기 때문에 그 가까이 접근한 물체는 사실상 그것을 향해 추락하는 셈이야. 간단하지!

🧪 흔들흔들 중심 잡기

의자에 앉은 상태에서 몸을 앞으로 숙이거나 팔을 사용하지 않고 그대로 일어나 봐. 아마 불가능할 거야. 몸을 앞으로 숙여야 무게 중심이 다리 근육으로 밀어 올릴 수 있는 위치에 오거든.

물질이 뭐길래

물질의 정체에 대해서는 물리학자들도 의견이 갈리지만, 어쨌거나 물질은 중요해. 우리가 보고 만질 수 있는 물질('보통 물질'이라고 불러)은 질량이 있고 공간도 차지하는 작은 원자로 이루어져 있어. 원자는 더 작은 입자로 이루어져 있지. 이런 작은 입자에 대해 이야기하려면 현대물리학의 새로운 법칙이 필요해(58쪽). 여기서 잠깐, 놀라운 사실 하나! 여러분의 몸을 이루고 있는 원자들은 여러분이 태어나기 수십억 년 전부터 존재하던 것이야. 어때? 물질과 원자에 대해 궁금증이 좀 생겼어?

작은 세계

이것은 리튬이라는 화학 원소의 원자야. 이를 살펴보기 전에 '전하'에 대해 알아야 해. 물체가 띠고 있는 정전기의 양을 전하라고 하고, 양(+)의 전기를 띠면 양전하, 음(-)의 전기를 띠면 음전하라고 해.

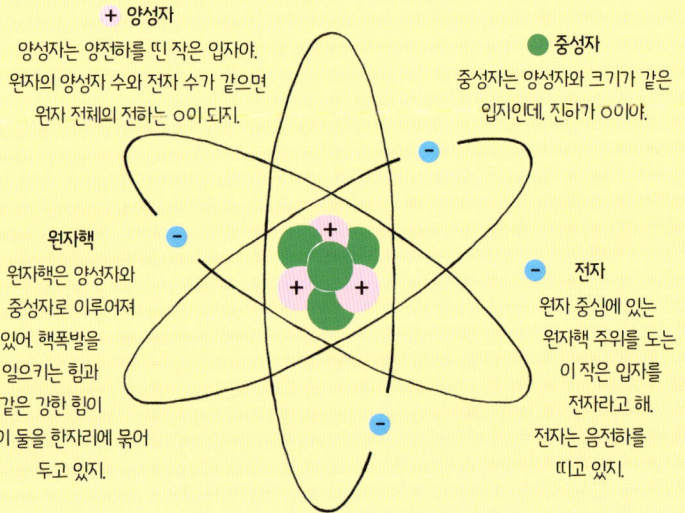

+ 양성자
양성자는 양전하를 띤 작은 입자야. 원자의 양성자 수와 전자 수가 같으면 원자 전체의 전하는 0이 되지.

● 중성자
중성자는 양성자와 크기가 같은 입자인데, 전하가 0이야.

원자핵
원자핵은 양성자와 중성자로 이루어져 있어. 핵폭발을 일으키는 힘과 같은 강한 힘이 이 둘을 한자리에 묶어 두고 있지.

전자
원자 중심에 있는 원자핵 주위를 도는 이 작은 입자를 전자라고 해. 전자는 음전하를 띠고 있지.

🧪 원자핵과 전자의 거리

이 책을 편 채로 바닥에 내려놔 봐. 이 문장 끝에 찍힌 마침표를 일반적인 원자의 핵이라고 가정한다면, 그것과 제일 가까운 궤도를 도는 전자는 5미터쯤(열다섯 걸음 정도) 떨어져 있어. 납, 금, 콘크리트 같은 물질은 엄청 무겁지만, 그것을 구성하는 원자는 대부분 텅 비어 있지!

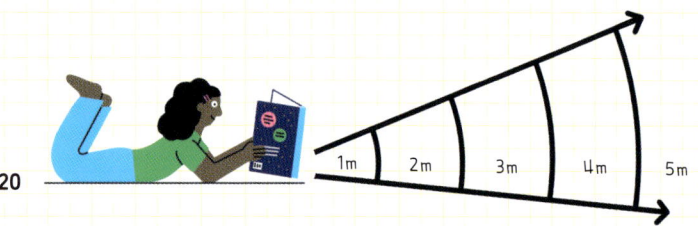

물 한 잔 안에 별보다 많은 원자가!

원자가 모이면 좀 더 큰 입자인 분자를 만들 수 있어. 물은 두 개의 수소 원자(H)와 하나의 산소 원자(O)가 결합해서 만들어진 분자(H_2O)야. 원자가 워낙 작다 보니 물 한 잔에는 우리가 우주에서 볼 수 있는 별보다도 많은 원자가 들어 있지!

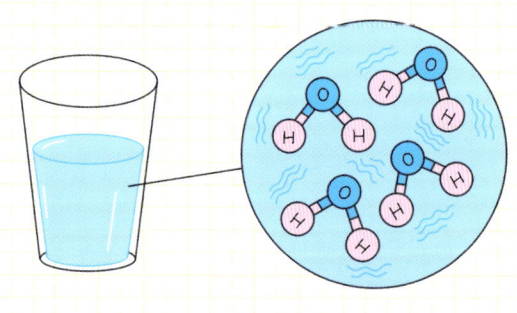

작게, 더 작게

스위스 대형 강입자 충돌기의 과학자들은 이 기계를 이용해서 원자를 고속으로 충돌시키고 그 결과를 분석해. 이런 실험을 통해 양성자와 중성자가 훨씬 작은 쿼크라는 입자로 이루어졌다는 걸 알게 됐지. 어떤 과학자들은 모든 물질이 상상할 수 없을 정도로 작은 진동하는 에너지 끈으로 이루어졌다고도 해(58쪽).

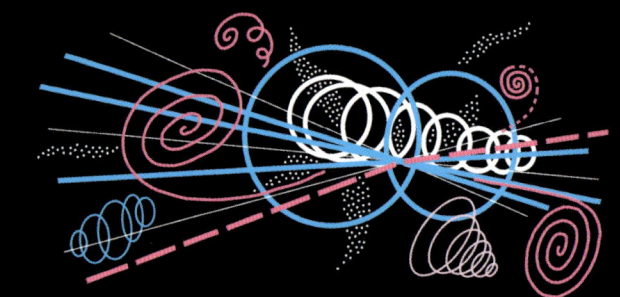

여러분은 어떤 상태?

보통 물질은 우주 전체에서 네 가지 상태 중 하나로 존재해. 바로 고체, 액체, 기체, 그리고 플라스마지. 어떤 상태인지는 온도(38쪽)와 압력(22쪽)에 달려 있어. 지구의 상온에서 물은 액체 상태로 존재하는데, 그것을 끓이면 기체(수증기)가 되고, 얼리면 고체(얼음)가 되지. 얼음을 녹이면 다시 액체가 돼.

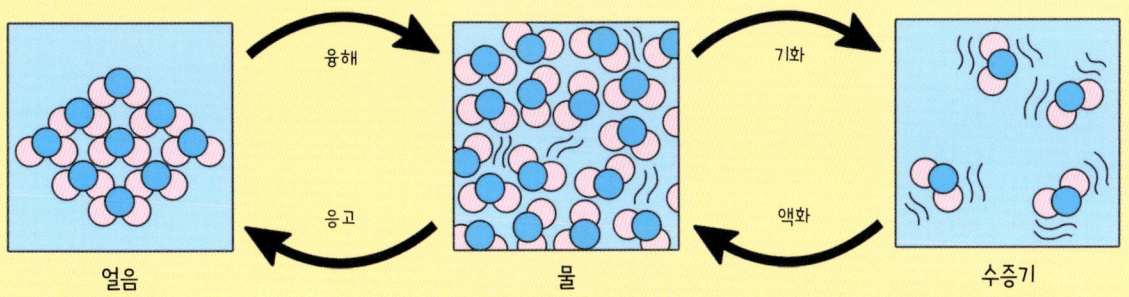

상태에 따라 달라지는 것

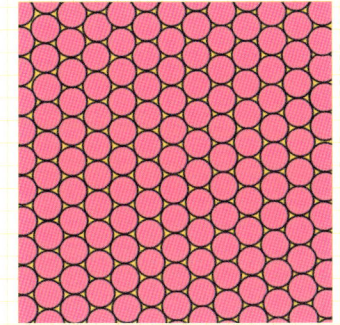

고체에서는 원자나 분자가 촘촘하게 모여 고정돼 있어.

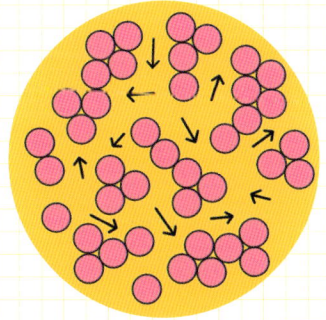

액체에서는 원자나 분자가 느슨하게 결합한 채로 돌아다녀.

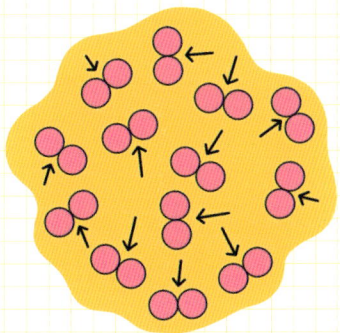

기체에서는 원자나 분자가 자유롭게 움직여. 정해진 형태가 없는 구름을 형성할 수도 있지.

제4의 상태

네 번째 상태인 플라스마는 이온(전하를 띠는 원자 또는 분자)으로 이루어진 고에너지 기체야. 형광등과 네온사인의 빛은 바로 이 플라스마에서 나오는 거지. 하늘을 가르는 번개의 빛도 마찬가지고. 플라스마는 지구에서는 희귀하지만, 태양, 오로라, 은하 사이 공간 등 우주에 흩어져 있는 거의 모든 보통 물질은 일종의 플라스마 상태로 존재해.

이산화탄소와 탄산

이산화탄소(CO_2)는 실온에서는 기체지만 강한 압력을 가하면 액체가 돼. 소다 사이폰 통을 이용하면 이산화탄소 액체로 거품이 나는 탄산음료를 만들 수 있어.

컴컴한 어둠 속에서

우주에서 보통 물질이 차지하는 양은 5퍼센트에 불과해. 나머지는 암흑 물질(27퍼센트)과 암흑 에너지(68퍼센트)가 차지하고 있지. 암흑이라는 말을 붙여 부르는 이유는 볼 수도 없고, 과학자들조차 그 정체를 아직 모르기 때문이야!

압력을 견뎌라

지구에 사는 사람은 모두 압력을 받고 있어. 대기는 질소(78퍼센트)와 산소(21퍼센트)를 비롯해 아르곤, 이산화탄소, 수증기 등의 기체로 이루어져 있지. 이 대기가 중력에 붙잡혀 있는 지구 위 모든 것에 압력을 가하는데, 이를 기압(공기의 압력)이라고 해. 여러분도 예외는 아니야! 대기는 눈으로 볼 수도 없고, 바람이 불 때가 아니면 느낄 수도 없지만, 우리 몸을 감싸고 끊임없이 힘을 가하고 있지.

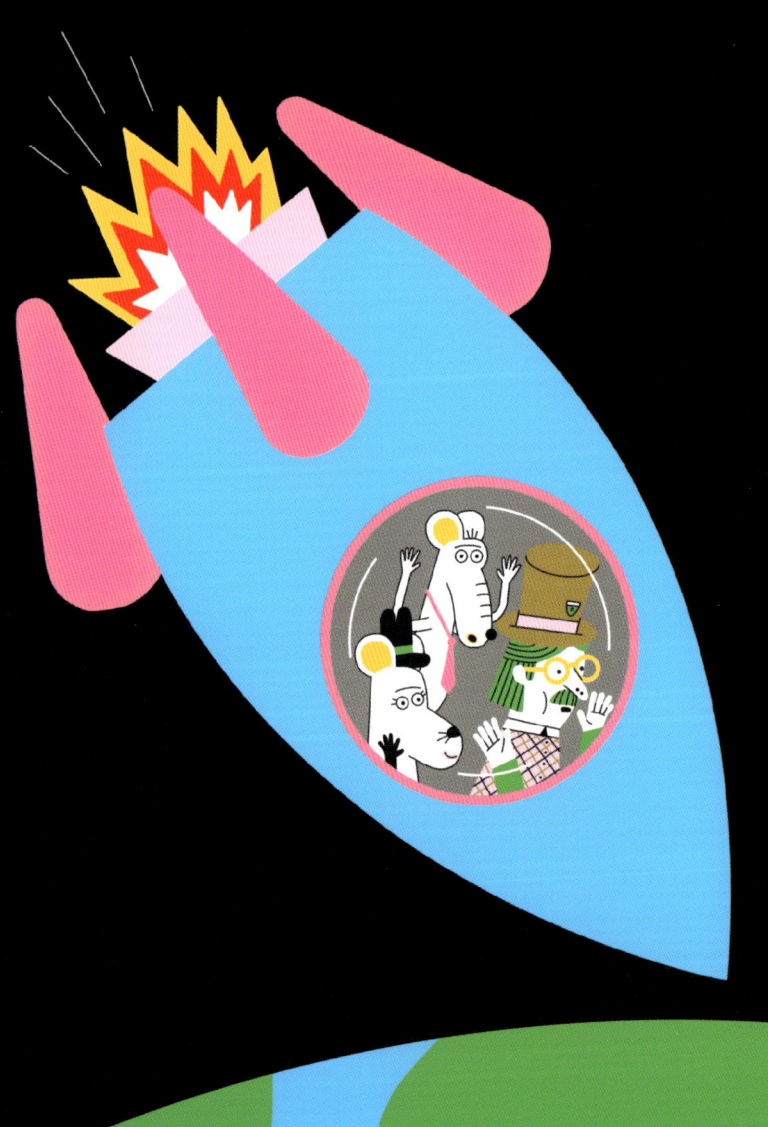

공기의 압력

여러분의 몸을 누르고 있는 공기의 무게는 피부 1제곱센티미터마다 1킬로그램짜리 설탕 봉지를 올려놓은 것과 같아. 우리는 이런 지속적인 기압을 견딜 수 있게 진화했어. 기압이 사라진다면 여러분의 몸은 부풀어 오르고, 입속의 침도 끓어오를 거야. 그래서 공기가 없는 우주에서는 압력을 유지해 주는 우주복을 입어야만 살 수 있어!

🧪 눈으로 보는 기압의 힘

기압의 힘을 직접 느껴 보자! 유리잔에 찬물을 채운 다음 빳빳한 카드 같은 것으로 덮어. 그리고 싱크대 위에서 컵을 뒤집은 다음 카드를 잡고 있던 손을 떼 봐. 기압 때문에 카드가 컵에 붙어 있을 거야! 실패해도 괜찮아. 싱크대 위에서 했으니까!

산꼭대기에서 차가 맛없는 이유

지구 대기의 두께는 100킬로미터 정도이고, 해수면에서 높아질수록 공기가 희박해져. 그래서 높이 나는 비행기나 우주 정거장에서는 펌프로 기내에 공기를 집어넣어서 기압을 유지해야 해. 그래야 사람들이 편하게 여행할 수 있지. 비행기 창문을 열 수 없는 것도 이 때문이야. 그리고 에베레스트산 꼭대기에서는 맛있는 차를 즐기기 힘들어. 공기가 희박해서 기압이 낮고, 기압이 낮아서 해수면 높이에서와는 달리 물이 섭씨 100도가 아닌 68도에서 끓거든. 이런 미지근한 물에서는 차가 충분히 우러나지 않겠지?

뜨거운 자전거 펌프

공기 분자는 초속 500미터 정도로 움직이는데, 온도가 올라갈수록 더 빨리 움직이지. 그리고 밖에서 누르는 힘 때문에 서로 가까워지면 도로 멀어지려고 하지. 자전거펌프로 바퀴에 공기를 넣다 보면 공기통이 뜨거워지지? 그건 압축된 공기 분자들이 열의 형태로 에너지를 내놓기 때문이야.

젖지 않는 화장지

유리잔 바닥에 마른 화장지를 다져 넣은 다음 거꾸로 뒤집어서 물속에 담가 봐. 공기 분자가 물을 밀어내기 때문에 화장지가 조금도 젖지 않을 거야!

압력 관찰

1738년에 스위스의 천재 물리학자 다니엘 베르누이는 정지된 공기보다 움직이는 공기의 압력이 더 낮다는 걸 증명했어. 종이로 간단한 다리를 만들어서 이 원리를 아주 쉽게 확인해 볼 수 있어. 종이 다리 안쪽에 바람을 불어넣으면 종이 윗면이 책상 쪽으로 납작하게 달라붙을 거야. 안쪽의 압력은 낮아지고, 그 위의 압력은 상대적으로 높기 때문이지!

찌그러진 우주선

금성은 태양계 행성 중에서 대기의 밀도가 가장 높아. 대부분 이산화탄소로 이루어져 있고, 기압은 지구보다 90배나 높지. 1967년에 금성을 조사하기 위해 보낸 우주 탐사선은 착륙도 못 하고 찌그러져서 파괴되고 말았어!

깊은 곳은 위험해!

깊은 바다로 잠수할 때는 수압을 조심해야 해. 높은 수압에서 살아남으려면 특별히 튼튼하게 만든 잠수복이나 잠수정이 필요하지. 수면으로 돌아올 때도 천천히 올라와야 해. 너무 서둘렀다가는 피에서 거품이 일어나는 고통스러운 잠수병에 걸릴 수 있거든!

물에 뜨는 행성?

태양계 행성에 관한 재미있는 사실을 하나 말해 줄까? 욕조에 물을 채우면 토성을 그곳에 띄울 수 있어. 물론 고리가 밖으로 삐져나올 수는 있겠지만! 토성이 들어갈 정도로 큰 욕조도 필요할 테고 말이야. 우리 태양계의 여덟 개 행성 중에 오직 토성만 물보다 낮은 밀도를 갖고 있어. 대부분 우주에서 제일 단순한 원소인 수소와 헬륨으로 이루어져 있거든. 그런데 밀도가 뭔지 알아?

얼음이 위에서부터 어는 이유

밀도는 정해진 공간 안에 물질이 얼마나 많이 들어 있는지 측정한 값이야. 그래서 보통 고체는 액체보다, 액체는 기체보다 밀도가 높아. 물론 항상 그런 건 아니야. 고체인 얼음은 액체인 물보다 밀도가 낮아서 물 위에 뜨지. 추운 날 연못 바닥이 아니라 수면에서부터 얼음이 어는 것도 그 때문이야.

하늘 높이 날아라

밀도를 측정하는 단위는 킬로그램 매 세제곱미터(kg/m^3)야. 밀도는 온도와 압력에 따라 달라지는데, 열기구가 하늘로 뜨는 원리도 이걸 이용한 거야. 기구 안의 가열된 공기가 팽창하면서 바깥의 차가운 공기보다 밀도가 낮아지고, 하늘로 떠오르지! 사실상 열기구는 물 위의 코르크 마개처럼 떠 있는 거야.

🧪 쪼그라든 풍선

풍선에 바람을 불어 넣고 입구를 묶은 다음 종이 띠를 팽팽하게 둘러서 테이프로 붙여 놔. 이걸 냉장고 안처럼 차가운 곳에 놓고 몇 시간 지난 뒤에 꺼내 봐! 풍선의 크기가 줄어들어 있을 거야. 풍선 안쪽 공기가 식어서 밀도가 높아졌고, 그에 따라 수축했기 때문이지.

텅 빈 우주

진공은 어떤 물질도 들어 있지 않은 공간을 말해. 은하와 은하 사이의 공간은 거의 완벽한 진공이지. 그래도 1세제곱미터당 한두 개 정도의 원자는 들어 있어.

🧪 달걀이 두둥실

찬물이 든 유리잔에 달걀을 하나 담근 후에 소금을 넣고 조심스럽게 저어 봐. 소금이 녹아 소금물이 되면서 물의 밀도가 높아질 거야. 소금물과 달걀의 밀도와 같아지는 순간, 달걀이 부드럽게 둥실 떠오르지!

발견의 순간 3

보이지 않는 물리학자

서기 400년 즈음 이집트 알렉산드리아의 히파티아는 액체 물리학을 연구했지.

그 후로도 이런 어려움은 계속됐어. 하지만 많은 여성이 꿋꿋하게 물리학을 연구했지.

캐롤라인 허셜
(1750~1848)

메리 서머빌
(1780~1872)

애니 점프 캐넌
(1864~1941)

세실리아 페인가포슈킨
(1900~1979)

1903년에 마리는 여성 가운데 처음으로 노벨 물리학상을 받지. 그리고 남성과 여성을 통틀어 두 분야에서 노벨상을 받은 최초의 인물이야. 그녀는 세상 모든 사람에게 귀감이 되었어.

떴다 떴다 비행기

로켓이 발명되기 전에도 우리는 공기 덕분에 하늘을 날 수 있었어. 곤충이 제일 먼저 하늘로 날아올랐고, 파충류, 조류, 포유류가 뒤따랐어. 그리고 우리 인간도! 하늘로 날아오르려면 중력을 이겨야 하는데 비행기 날개, 헬리콥터 회전 날개, 커다란 풍선 같은 걸 사용하면 돼. 그런데 공기는 하늘을 나는 데 도움이 될 수도, 방해물이 될 수도 있어.

하늘로 올려 줘!

꿀벌이든, 비행기든 하늘에 떠 있는 물체에는 네 가지 힘이 작용해.

양력
양력은 비행기의 날개나 헬리콥터의 회전 날개가 만들어 내는 위로 작용하는 힘이야. 양력이 비행기의 무게보다 커지면 하늘로 솟아오르지.

항력
항력은 공기 저항을 의미하는 전문 용어야. 비행기의 움직임을 방해하는 마찰력이지. 그래서 항력을 줄이기 위해 비행기 같은 탈것들은 보통 날씬한 유선형으로 만들어.

추진력
추진력은 비행기를 앞으로 미는 힘을 말해. 이 힘은 엔진에서 나오지.

무게
무게는 비행기를 땅으로 당기는 힘이야. 중력 때문에 생겨.

날개의 비밀!

아래 그림은 비행기 날개를 자른 단면 그림이야. 이걸 '에어포일' 이라고 해. 비행기가 전진하면서 공기가 날개의 윗면을 따라 아래 방향으로 흐르면, 뉴턴의 제3법칙에 따라 반대 방향으로 동일한 크기의 떠오르는 힘이 발생해(15쪽). 이게 바로 '양력'이야.

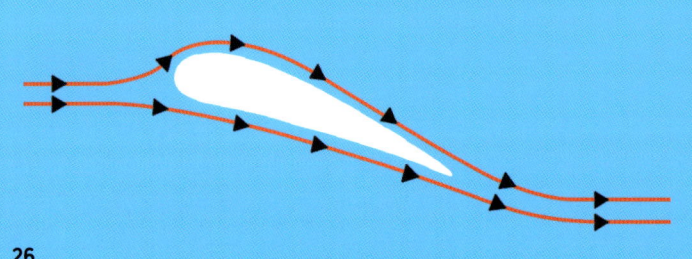

빙글빙글

헬리콥터의 회전 날개도 에어포일 단면을 갖고 있어. 이 날개가 빠르게 돌면 아래로 밀려나는 공기로부터 양력이 발생해 하늘로 날아오르지. 회전 날개를 앞으로 기울이면 헬리콥터가 앞으로 나아가.

양력 발생!

종이 한 장을 입술 앞에 가만히 두면 종이가 아래로 처지겠지? 이때 종이 위로 바람을 불면 종이가 떠오를 거야. 날개에서 양력이 생기는 것과 같은 원리지.

배에 달린 날개

배에 달린 돛은 일종의 수직 날개 역할을 해. 돛 덕분에 뒤에서 부는 바람은 물론 옆에서 빗겨 부는 바람으로도 앞으로 나가는 추진력을 만들 수 있지.

라이트 형제

하늘을 나는 기계를 만드는 데 가장 큰 걸림돌은 무게야. 미국의 기술자 오빌 라이트와 윌버 라이트 형제는 1903년에 세계 최초로 동력 엔진을 단 공기보다 무거운 기계에 사람을 태우고 하늘을 나는 데 성공했지.

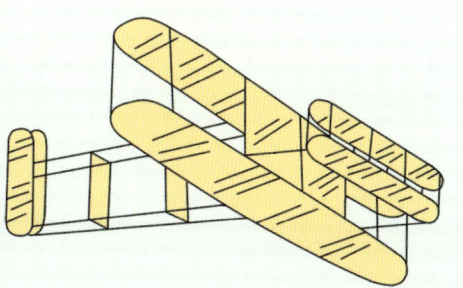

라이트 형제는 이 비행기에 자신들의 이름을 따서 라이트 플라이어 1호라는 이름을 붙였어. 1969년에 발사된 달 탐사선은 라이트 플라이어 1호에 사용한 천과 나무 조각을 싣고 날아갔지. 이때 인류는 처음으로 달 표면 위를 걸었단다!

우주 정거장과 공기 저항

국제 우주 정거장은 사람이 타고 있는 우주 실험실이야. 시속 2만 8,000킬로미터라는 엄청난 속도로 90분마다 지구를 한 바퀴씩 돌고 있지. 지구에서 400킬로미터 위에 떠 있는데, 이곳의 희박한 공기도 저항을 만들지. 그래서 우주 정거장은 조금씩 느려지고 조금씩 추락하고 있어.

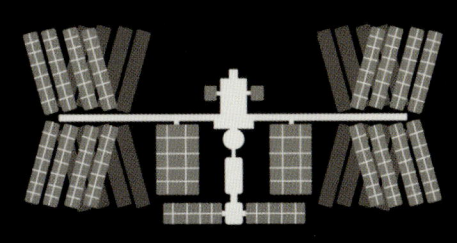

하지만 걱정하지 마! 보조 추진 로켓이 정기적으로 우주 정거장의 궤도를 올려서 지구와의 충돌을 막아 주니까.

생명을 찾아라!

화성 대기의 밀도는 지구의 1퍼센트밖에 되지 않아. 이렇게 희박한 공기 때문에 생기는 어려움에도 불구하고 2021년에 미국 항공우주국 NASA는 '지니'라는 헬리콥터 드론을 화성에 띄웠어. 생명의 흔적을 찾기 위해서지!

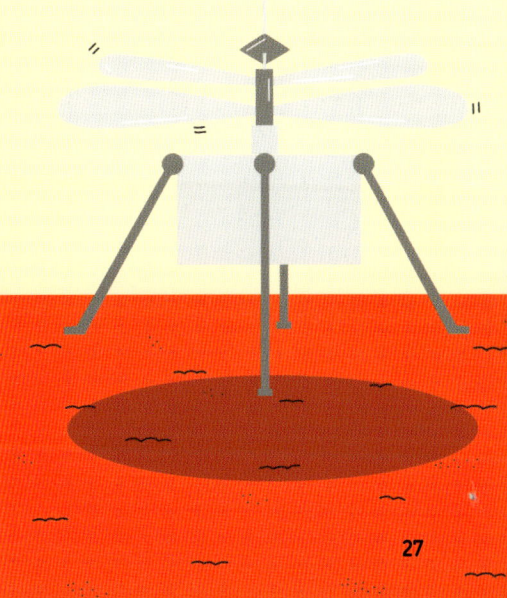

귀를 기울이면: 소리

우리 주변은 소리로 가득해. 사람들은 보통 소리를 이용해서 대화를 나누고 소통하지. 소리가 없다면 음악이나 영화 같은 온갖 오락거리도 즐길 수 없을 거야(물론 이 책은 소리 내지 않고 읽을 수 있겠지만). 소리가 우리 귀에 다다르기까지의 과정을 설명하려면 아주 다양한 물리학 이론이 필요해. 이제 소리에 귀를 기울여 볼까?

소리의 원리

소리는 일종의 에너지야. 어떤 물체가 진동하면서 생겨난 에너지 파동이 기체, 액체, 고체 같은 물질을 타고서 물결 모양으로 이동하는 것이 소리지. 그래서 아무런 물질이 없는 진공에서는 소리가 이동할 수 없어. 우주 공간이 고요한 것도 같은 이유에서야. 공상 과학 영화를 보면 우주에서도 폭발음이 나지만, 사실 거기서는 아무런 소리도 날 수 없어. 심지어 대폭발이라는 의미인 빅뱅도 완전 조용히 발생했지. 아무래도 이름을 잘못 지은 것 같아.

내 목소리가 들리니?

우리가 말을 하거나 노래를 하면 성대라는 막이 진동하면서 목구멍 속 공기와 우리 주변의 공기를 진동시켜. 이때 공기 분자들이 압축됐다가 다시 흩어지면서 소리 에너지를 파동으로 전달해. 이 파동이 우리에게 도달하면 귓속의 뼈를 진동시켜 뇌로 신호를 보내고, 뇌는 그 신호를 소리로 해석하지.

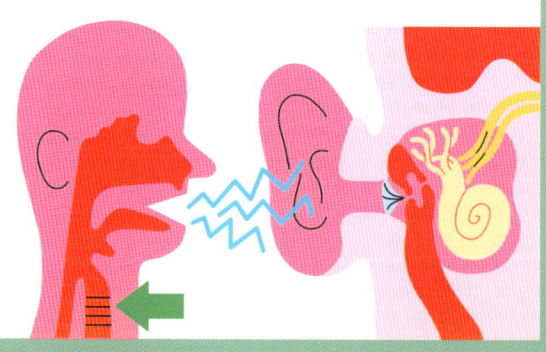

🧪 물질에 따라 달라지는 소리

단단한 책상 위에 귀를 바짝 갖다 붙이고 손가락으로 책상을 두드려 봐. 두드리는 소리가 나겠지만 공기를 통해 듣는 것과는 다를 거야.

🧪 눈으로 보는 소리

스프링 장난감을 이용하면 소리의 파동이 어떻게 이동하는지 볼 수 있어. 스프링 장난감 한쪽을 고정하고 부드럽게 늘려 봐. 그리고 코일 몇 개를 살짝 쥐었다가 놔 봐. 그럼 쥐었던 구간의 에너지가 스프링을 타고 이동해서 끝에 도착한 다음 튕겨서 되돌아올 거야. 이렇게 반사되어 나온 파동은 메아리에 해당해.

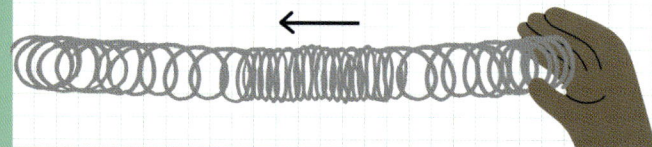

헤르츠 선생님, 안녕하세요!

소리를 낸 물체가 빨리 진동할수록 우리 귀에 들리는 소리의 음높이가 높아져. 두꺼운 기타 줄은 가는 기타 줄보다 진동하는 속도가 느려서 낮은음이 나오지. 1초에 진동하는 횟수를 진동수라고 하고, 단위는 독일의 물리학자 하인리히 헤르츠의 이름을 따서 헤르츠(Hz)를 사용해.

우리는 들을 수 없는 소리

사람이 들을 수 있는 소리의 범위는 20헤르츠에서 2만 헤르츠 사이야. 우리 귀에는 들리지 않는 20헤르츠보다 낮은 소리는 초저음파라고 불러. 하지만 고래와 코끼리는 이 소리를 들을 수 있지. 2만 헤르츠 이상의 소리는 초음파라고 하는데, 박쥐, 쥐, 생쥐는 모두 이 범위의 소리를 내. 초음파는 아직 태어나지 않은 엄마 배 속 아기의 사진을 찍을 때도 사용한다는 사실!

소리의 속도

소리는 기압, 온도, 바람의 상태에 따라 달라지지만, 보통 공기 중에서 초속 340미터로 퍼져 나가. 고체와 액체를 통과할 때는 더 빨라지지. 그렇지만 빛의 속도에는 한참 못 미쳐. 빛의 속도는 무려 초속 3억 미터에 가깝거든!

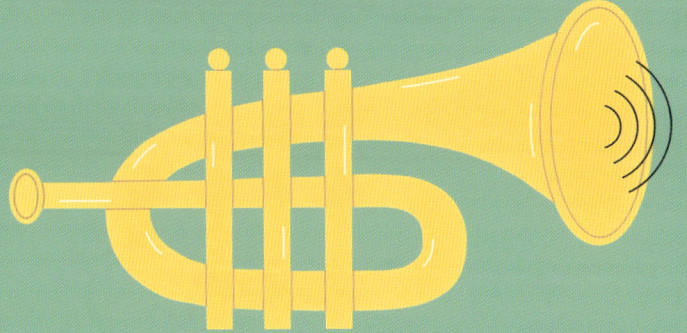

소리의 크기

소리의 크기를 측정하는 단위는 데시벨(dB)이야. 전화기를 발명한 알렉산더 그레이엄 벨의 이름을 땄지. 85데시벨이 넘는 소리는 청력을 손상할 수 있어. 그러니 너무 큰 소리를 듣거나, 이어폰을 너무 오래 사용하지 않도록 조심해야 해. 185데시벨이 넘는 소리는 치명적일 수 있어. 그러니 너무 큰 소리가 난다면 귀를 막고 멀리 떨어지도록 해!

- 0 dB – 숨 쉬는 소리
- 10 dB – 핀 떨어지는 소리
- 30 dB – 속삭임
- 60 dB – 말소리
- 65 dB – 큰 코골이
- 75 dB – 변기 물 내리는 소리
- 90 dB – 풍선 터지는 소리
- 110 dB – 록 콘서트
- 160 dB – 비행기 이륙하는 소리
- 220 dB – 우주선 발사하는 소리
- 230 dB – 향유고래 울음소리 – 지구에서 가장 시끄러운 동물!

뭐가 더 빠르게?

운동장 반대편에 서 있는 친구가 풍선을 터트리면, 펑 소리가 나기 전에 터지는 모습부터 보일 거야. 빛이 소리보다 빠르니까.

안녕, 에너지!

몸에 에너지가 너무 넘쳐서 걱정이야? 괜찮아. 자리에 앉아서 이 페이지를 읽어 봐. 그렇게만 해도 여러분이 아침 식사로 섭취한 에너지를 조금은 태울 수 있어. 에너지는 쥐, 우주선, 여러분을 비롯해서 세상 모든 것을 움직이게 만드는 원동력이야. 에너지에 관한 놀라운 사실 하나! 공상 과학 영화의 슈퍼 영웅들과는 달리, 사실 에너지는 파괴할 수 없어. 그럼 에너지와 인사를 해 볼까? 안녕, 에너지!

에너지의 종류

에너지는 형태를 바꿀 수도 있고, 저장해 두었다가 나중에 사용할 수도 있어. 스프링을 눌러 놓거나 여러분이 미끄럼틀 위에 올라가면 에너지가 생기지! 이런 에너지를 위치 에너지라고 해. 에너지는 다양한 종류로 분류할 수 있는데, 몇몇 예외를 제외하면 대부분은 운동과 관련이 있어.

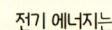

운동 에너지는 작디작은 아원자 입자에서부터 행성, 은하에 이르기까지, 움직이는 모든 물체가 갖고 있는 에너지야. 움직이는 건 모두 운동 에너지를 갖고 있어!

전기 에너지는 전자에서 나와(54~55쪽). 우리는 보통 집에서 이 에너지를 열과 빛으로 바꿔서 사용하지.

화학 에너지는 음식, 연료, 배터리, 폭발물 등에 있는 원자와 분자가 결합할 때 나와.

중력 에너지는 중력의 영향을 받는 물체가 갖고 있는 에너지야. 물체가 아래로 떨어지면 중력 에너지가 운동 에너지로 바뀌지.

빛 에너지는 전자기파(44~45쪽)에 담겨 있는 에너지야. 그중 일부만 우리 눈으로 볼 수 있어. 햇빛도 빛 에너지 중 하나야.

열에너지는 한마디로 열을 말해. 빠르게 움직이는 원자와 분자로부터 나오지.

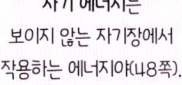

자기 에너지는 보이지 않는 자기장에서 작용하는 에너지야(48쪽).

소리 에너지는 진동하는 물질에서 나와. 마이크는 소리 에너지를 전기 에너지로 전환하지. 스피커는 그 전기 에너지를 다시 소리 에너지로 바꿔 주고.

핵에너지는 원자 내부 입자들이 결합하거나 분열할 때 나와(46쪽). 원자핵이 쪼개질 때 (핵분열), 원자핵이 합쳐질 때(핵융합), 혹은 방사능 붕괴가 일어날 때 방출되지.

암흑 에너지는 우주에 있는 전체 에너지의 3분의 2를 차지해. 하지만 그 정체가 무엇인지는 아무도 몰라. 이것이 모든 행성과 은하들을 멀리 밀어내고 있다는 것만 알고 있어.

나와라, 열에너지!

여러분의 몸은 열의 형태로 계속해서 에너지를 내보내고 있어. 주먹을 쥐어서 연필을 잡고, 그 연필 위에 뱀 모양으로 자른 종이를 올려 봐. 손 때문에 따듯해진 공기가 올라오면서 종이를 빙글빙글 돌릴 거야(39쪽).

에너지의 단위

에너지를 측정하는 단위는 줄(J)이야. 영국의 물리학자 제임스 프레스콧 줄의 이름에서 따 왔어. 1줄은 대략 바닥에 떨어진 사과를 탁자 위로 들어 올리는 데 필요한 에너지야. 다시 말해 탁자 위의 사과는 1줄만큼의 중력 에너지를 갖고 있는 셈이지.

음식에 담긴 에너지의 양

음식에 담긴 에너지 양을 표시할 때는 칼로리(cal) 단위를 자주 써. 1칼로리는 4줄 정도지. 사과를 하나 먹으면 한 번에 하나씩 20만 개의 사과를 바닥에서 탁자 위로 올려놓을 만큼의 에너지를 얻을 수 있어. 그러려면 아주 큰 탁자가 필요하겠지?

돌고 도는 에너지

생명체와 기계가 움직일 수 있는 것은 에너지 덕분이야. 숙제를 하는 데도 에너지가 필요하지! 지구 위의 생명체는 대부분 태양으로부터 에너지를 얻어. 식물은 햇빛 에너지를 이용해서 물과 이산화탄소로부터 당분과 산소를 만들어 내지. 이 과정을 광합성이라고 해. 그렇게 빛 에너지는 식물 속에서 화학 에너지로 변하고, 이 화학 에너지는 식물을 먹는 동물에게 전달돼. 그 에너지는 다시 먹이사슬을 따라 더 높은 상위 포식자에게 전달되지. 생명체가 죽으면 그 몸속에 있던 에너지는 사체를 먹는 청소 동물이나 세균 등의 분해자에게 넘어가고. 이렇게 에너지는 돌고 돌면서 재활용돼!

모든 것은 변해

'에너지 보존 법칙'이라는 우주의 법칙에 따르면 에너지는 새롭게 만들어지지 않고, 파괴되지도 않아. 하지만 형태를 바꿀 수는 있지. 배터리에 든 화학 에너지는 전기 에너지로 전환될 수 있고, 이것은 다시 전구에서 열과 빛으로 바뀔 수 있어.

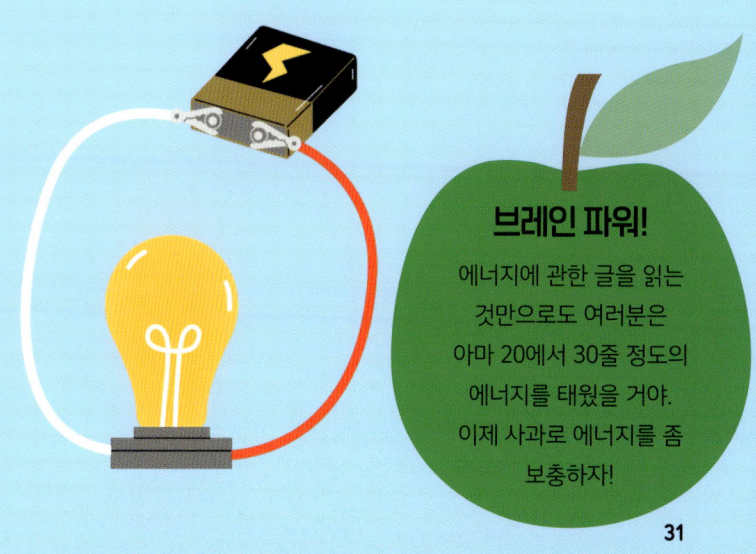

브레인 파워!

에너지에 관한 글을 읽는 것만으로도 여러분은 아마 20에서 30줄 정도의 에너지를 태웠을 거야. 이제 사과로 에너지를 좀 보충하자!

녹색 에너지를 향해

깨끗한 에너지를 끊임없이 공급한다는 점에서, 태양은 정말 스타야! 말 그대로 1년 365일(윤년이라면 366일!) 내내 우주 공간으로 에너지를 내보내고 있으니까. 무엇보다 좋은 건 이 에너지가 공짜이고 탄소를 전혀 배출하지 않는다는 점이야. 하지만 이 공짜 연료도 영원하지는 않아. 지금부터 약 50억 년 후 태양이 죽을 때 에너지 공급도 끝날 테니까. 그러니까 누릴 수 있을 때 누리자고!

오늘도 있고, 내일도 있어!

태양은 재생 에너지의 원천이야. 에너지로 사용할 수 있는 자원을 '에너지원'이라고 하는데, 재생 가능한 에너지원으로는 태양열, 풍력, 수력, 땅속 바위에서 나오는 지열, 나무를 비롯한 식물(바이오매스) 등이 있지.

어제는 있었지만, 내일은 없어!

한편 천연가스, 석탄, 석유 같은 화석 연료는 재생 불가능한 에너지원이야. 화석 연료를 태우면 기후 변화를 가속하는 해로운 가스가 만들어지지. 이런 연료는 다시 생기지도 않아. 한 번 사용하면 끝이야.

우리가 지구에서 사용하는 에너지는 대부분 태양으로부터 직간접적으로 나온 거야. 석탄은 3억 년 전에 거대한 숲에서 햇빛으로부터 에너지를 끌어모으며 살던 나무가 죽어서 딱딱하게 굳은 거고, 천연가스와 석유는 6,500만 년 전에 살던 생명체들이 죽어 바위 사이에 갇혀서 만들어진 것이지. 그런데 석탄과 석유, 천연가스는 사람들이 너무 많이 사용해서 200년 후에는 고갈될지도 몰라.

태양 등장이요!

태양 전지판은 특수한 태양 전지 셀로 만들어졌어. 이 셀에 햇빛이 비치면 전기 에너지로 바뀌어. 구름이 낀 날이나 겨울에도 작동하지. 우주 정거장과 우주 망원경도 태양 전지판에서 동력을 얻어.

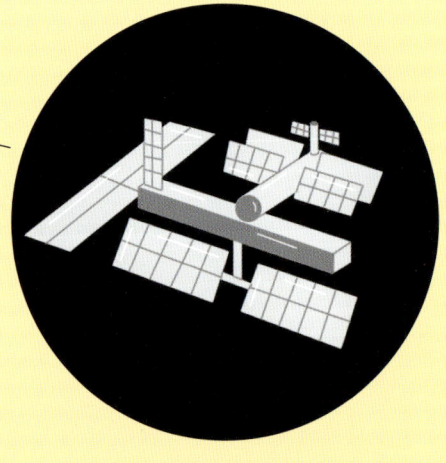

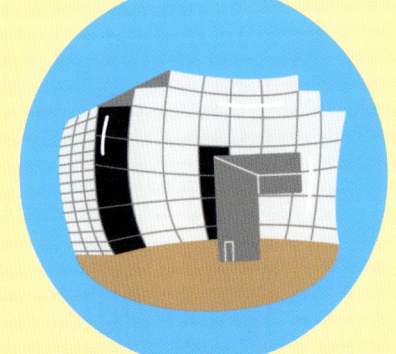

이건 태양로라는 시설이야. 거울로 태양 광선을 한곳에 모아서 섭씨 3,500도가 넘는 온도를 만들어 내지.

풍력 발전소의 터빈도 태양 에너지를 이용한다는 거 알고 있어? 바람은 태양열로 공기가 가열되면서 생겨. 뜨거워진 공기가 위로 상승하면서 기압이 낮아지면, 기압이 높은 지역의 공기가 그곳으로 이동하는 거지. 이 바람이 커다란 발전기의 날개를 돌려서 전기를 만들어 내.

수력 발전소도 태양 에너지를 이용해. 태양열이 물을 증발시켜 구름을 만들고, 이 구름이 높은 지역에서 비가 되어 내리고 강을 이루지. 중력 때문에 이 물이 댐으로 흘러들고, 댐에 고인 물로 터빈을 돌려서 전기를 만드는 거야.

바이오매스는 목재를 비롯한 식물성 재료를 가리키는 말이야. 식물은 햇빛을 화학 에너지로 바꾸고, 식물을 태우면 열이 발생하지. 하지만 이 과정에서 해로운 온실가스도 함께 나와.

핵에너지

태양은 거대한 핵 발전소야. 태양이 핵융합을 통해 에너지를 내는 것과 달리 지구의 핵 발전소는 원자핵을 쪼갤 때 발생하는 열을 이용해(그래서 원자력 발전소라고 부르기도 해). 발생된 열로 물을 증기로 만들고, 증기가 터빈을 돌리면서 전기를 생산하는 거야.

달 등장이요!

달도 전기를 만드는 데 한몫하고 있어. 달이 지구의 바닷물을 당겨서 생기는 빠른 조류가 바다에 떠 있도록 만들어진 특수한 발전기를 돌려서 전기를 생산해.

지구 등장이요!

지구도 빼놓을 수 없지! 아이슬란드 같은 몇몇 나라에서는 땅속 뜨거운 용암을 이용해서 물을 끓여 증기를 만들고, 그 증기로 터빈을 돌려서 전기를 생산해.

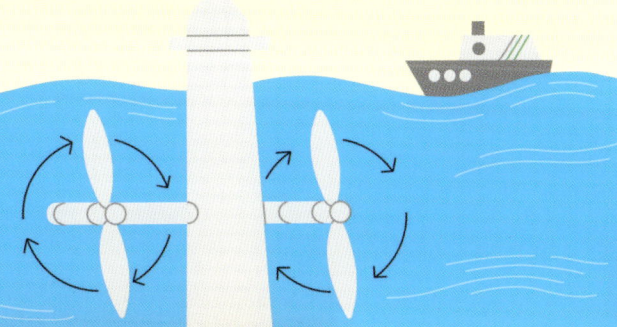

서둘러 바꿔야 해!

화석 연료나 바이오매스를 태우면 주요 온실가스인 이산화탄소가 나와. 이 이산화탄소가 축산 농장과 쓰레기 매립지에서 나오는 메탄가스와 함께 대기에 자리 잡고서 지구에 열을 가두어 놓는 역할을 하지. 이러한 온실 현상 때문에 기후가 달라지고 있어. 그러니 탄소를 배출하지 않는 재생 에너지로 서둘러 전환해야겠지!

🧪 태양열 오븐

더운 나라에서는 휴대용 태양열 오븐을 이용해서 음식을 익히기도 해. 깨끗한 피자 상자에 알루미늄 포일을 붙여서 간단한 태양열 오븐을 만들어 보자. 반짝이는 면이 밖으로 보이게 붙이면 돼. 이걸 정오 무렵 밖에 놔두면 종이 접시에 올린 마시멜로 정도는 녹일 수 있을 거야.

태양의 힘!

한 시간 동안 지구에 내리쬐는 태양 에너지는 지구인 전체가 1년 정도 사용하는 에너지 양과 비슷해. 그것도 탄소 배출이 전혀 없는 무공해 에너지지! 엄청나지 않니?

작지만 위대한 여섯 가지 단순 기계

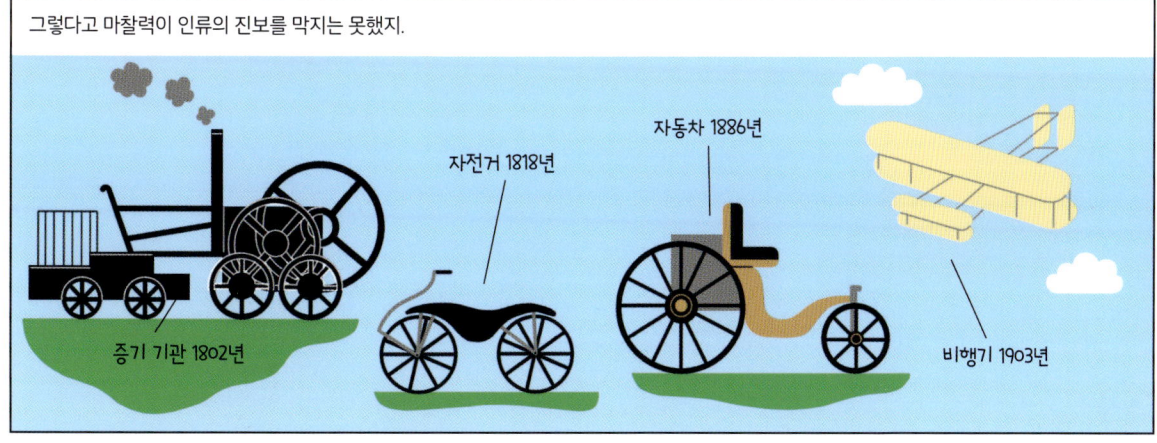

일 좀 해 볼까

기계를 사용하면 훨씬 쉽게 일할 수 있어. 학교 숙제는 기계로 하기 어려울지 몰라도, 에너지를 쓰는 일이라면 무엇이든 가능하지. 기계로 힘의 종류, 방향, 크기를 바꿀 수 있는데, 특히 힘을 더 강하게 할 수도 있어. 고대에 발명된 여섯 가지 단순 기계는 오늘날까지 사용되고 있어. 여러분 주변에서도 다양한 모습으로 작동하고 있을 거야. 그것들이 어디에 숨어 있는지 함께 찾아볼까?

도르래

창문에 설치한 블라인드는 줄을 통해 힘을 전달하는 단순 기계인 도르래를 이용한 거야. 산업 현장에서는 작은 힘으로 무거운 물체를 들어 올리기 위해 구조가 더 복잡한 도르래를 사용하지.

바퀴와 축

바퀴는 가장자리의 작은 힘을 중심부의 강한 힘으로 바꿔 주고, 그 반대로도 작동해. 자전거 뒷바퀴 축에 작용하는 강력한 회전력은 타이어로 전달되면서 약해지지만, 대신 훨씬 긴 거리를 갈 수 있도록 해 주지.

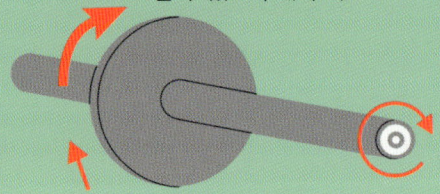

경사면

완만한 경사를 이용하면 무거운 물체를 옮길 수 있어. 곧바로 들어 올릴 때보다 이동하는 거리는 길어지지만 힘은 덜 들지. 휠체어 경사로가 좋은 예야.

지렛대

지렛대는 받침점이라는 고정된 점을 중심으로 회전하는 힘을 이용해서 무거운 물체를 움직여. 우리 집 안에도 지렛대의 원리를 이용한 다양한 물건이 있지. 어떤 것은 힘을 키워 주고, 어떤 것은 힘을 줄여 주지.

1종 지레: 플라이어는 약한 힘을 강한 힘으로 바꿔 줘.

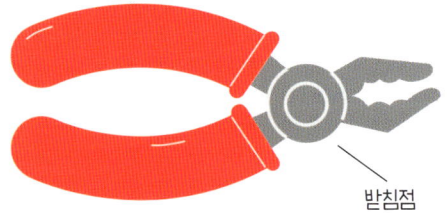

2종 지레: 병따개는 흩어지는 약한 힘을 집중된 강한 힘으로 바꿔 주지.

3종 지레: 집게를 사용하면 작용하는 힘은 줄지만 힘을 더 잘 조절할 수 있어.

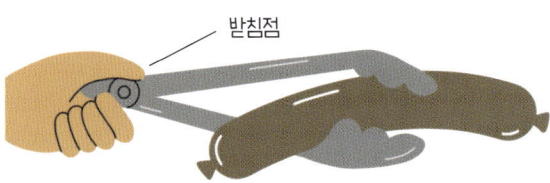

쐐기

도끼는 쐐기의 한 형태야. 두껍고 무거운 도끼머리의 힘이 훨씬 좁은 도끼날에 모이지. 뾰족하게 좁아지는 모양 덕분에 바깥쪽으로 힘이 작용해서 나무를 쪼갤 수 있지.

나사

나사는 한마디로 나선 모양의 경사야. 병뚜껑에 있는 나사골은 손의 회전력을 밀봉하는 힘으로 바꿔 주지.

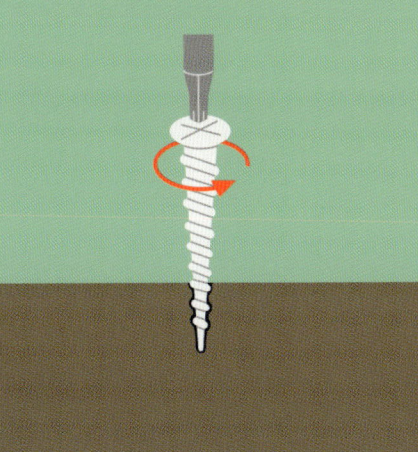

일과 일률

어떤 운 좋은 사람들은 일하지 않고도 사는 것 같아. 하지만 물리학에선 모두 일을 하지! 물리학에서 일이란 어떤 거리에 걸쳐 힘이 작용한 것을 말해. 여러분이 주차된 자동차를 10분 동안 열심히 밀었는데 꿈쩍도 안 한 경우, 물리학적으로 보면 일을 한 걸까? 여러분은 열심히 일을 했다고 생각하겠지만 물리학적으로는 전혀 하지 않은 거야! 일정 시간 동안 작용한 힘의 양을 일률이라고 하고, 단위는 스코틀랜드의 공학자 제임스 와트의 이름을 따서 와트(W)를 쓰지.

기어

기어는 힘을 전달하는 톱니바퀴야. 작은 기어는 큰 기어에 비해 힘은 약하지만 더 빨리 돌지. 자전거를 타고 언덕을 오를 때는 큰 기어를 사용하는 것이 유리해.

자전거를 타자!

자전거는 단순 기계를 조합해서 만든 복잡한 기계야. 지구에서 가장 효율적인 운송 수단이지. 자전거를 타면 우리가 음식을 통해 섭취한 화학 에너지가 운동 에너지로 바뀌어. 그리고 중요한 사실 하나! 자전거는 에너지 효율이 90퍼센트나 돼. 걸을 때보다 자전거를 탈 때 에너지가 훨씬 덜 든다는 의미지. 그리고 앉은 채로 더 빨리 목적지에 갈 수 있어. 휘발유나 경유를 이용하는 자동차는 에너지 효율이 25퍼센트밖에 안 돼. 연료 속 에너지 대부분이 열과 소음으로 낭비돼 버리거든. 게다가 환경을 오염시키는 가스도 만들어 내고 말이야. 그러니 되도록 차는 세워 두고 열심히 페달을 밟아 보자고!

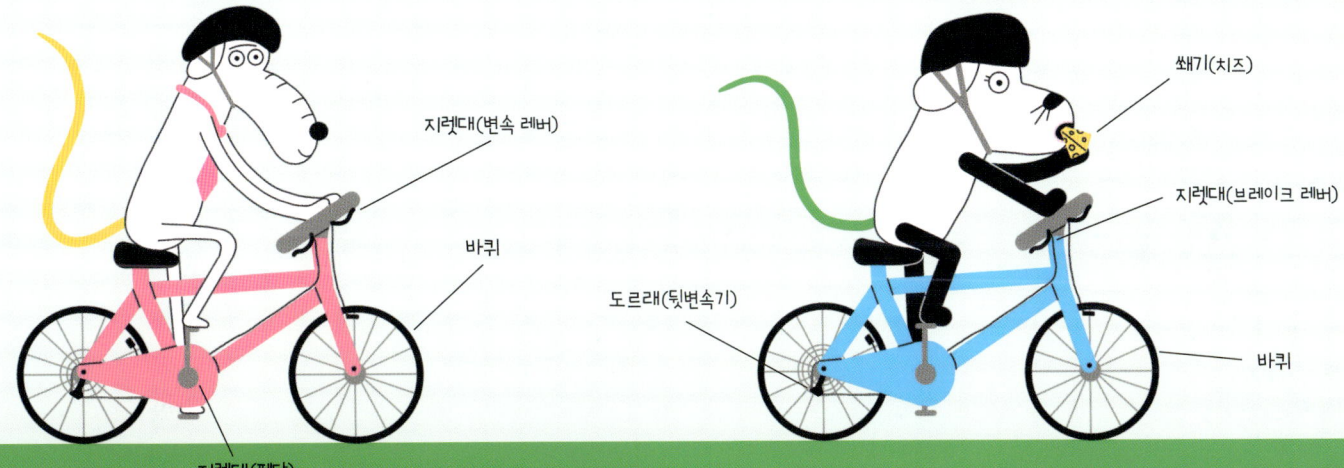

찍찍이가 최고!

우주 정거장에서는 중력이 너무 약하기 때문에 도구가 놓아둔 곳에 가만히 머물러 있지 않아. 그래서 스패너(지렛대)와 칼(쐐기)이 선실 안에서 둥둥 떠다니지 않도록 찍찍이 벨크로를 붙여서 고정하지.

영구 기관을 향한 꿈

효율이 100퍼센트인 기계는 없어. 항상 에너지 일부를 잃을 수밖에 없거든. 그럼에도 많은 사람이 에너지를 잃지 않고 영원히 작동하는 영구 기관을 발명하려고 노력했어. 하지만 안타깝게도 우주의 법칙 때문에 그건 애초에 불가능해.

온탕과 냉탕 사이: 열

열은 사람들 사이에서 뜨거운 주제야. 우리는 너무 더워도 징징거리고, 너무 추워도 투덜대지. 하지만 아주 뜨겁게 치솟거나, 반대로 아주 차갑게 꽁꽁 얼어붙는 우주의 온도에 비하면 우리는 아주 좁고 안정적인 온도 범위에서 살고 있는 거야(41쪽). 참 운이 좋다고 할 수 있지. 다행인 사실 또 하나, 우리는 집에서 안전하게 열의 비밀을 살펴볼 수 있어. 이제 열에 대해 알아보고 싶은 마음이 좀 데워졌지?

열에 관한 세 가지 법칙

열에 관해 연구하는 물리학을 열역학이라고 해. 우주 어디에서나 똑같이 작용하는 세 가지 열역학 법칙을 알려 줄게!

열역학 제1법칙

열은 에너지의 한 형태야. 따라서 모든 에너지와 마찬가지로 새로 만들어 낼 수도, 파괴할 수도 없지. 하지만 다른 에너지로 바뀔 수는 있어.

🧪 **열은 어디로?**

차가운 금속 찻숟가락으로 따뜻한 음료를 저은 다음, 숟가락을 만져 봐. 열의 일부가 전달되어 숟가락은 따뜻해졌을 거고, 그 바람에 음료는 살짝 식었을 거야. 하지만 이 둘이 교환한 에너지의 총량은 같아.

열역학 제2법칙

열은 더 뜨거운 물체에서 차가운 물체로 흘러. 그래서 주변 환경보다 차갑거나 뜨거운 상태를 영원히 유지할 수 있는 건 없어. 어떤 물리학자는 지금으로부터 수십, 수백억 년 뒤에는 우주 전체가 똑같은 온도로 식어서 아주 차가워질 거라고 이야기하지.

🧪 **이번엔 또 어디로?**

따뜻한 차 한 잔에 찻숟가락을 담그고 방안에 몇 시간 정도 놔둬 봐. 그리고 차, 숟가락, 공기의 온도를 온도계로 측정해 봐. 그럼 세 온도 모두 같아져 있을 거야. 차가 식었다는 건 방 안의 온도와 같아졌다는 의미야.

열역학 제3법칙

아무리 차가운 것도 섭씨 영하 273.15도 아래로는 내려가지 못해. 켈빈 온도에서는 이것을 절대 영도(40쪽)라고 불러. 이 온도가 되면 분자들의 움직임이 거의 멈추지.

🧪 **차 한 잔의 여유**

심우주(달 바깥의 우주)는 온도가 섭씨 영하 270.42도 정도로, 자연계에서 절대 영도에 가장 가까운 곳이야. 언젠가 여러분이 우주 비행사가 되면 따뜻한 차 한 잔으로 몸을 덥혀 보면 어떨까? 집에선 할 수 없겠지만, 꼭 한번 해 봐!

열 대방출!

뜨거운 물체(여기엔 사람도 포함돼!)가 열을 잃는 방법이 몇 가지 있어.

열이 다른 물체로 옮겨 가는 **전도**는 뜨거운 물체와 차가운 물체가 접촉할 때 일어나는 현상이야. 기체나 액체보다 고체가 열을 더 잘 전도하고, 그중에서도 금속이 제일 뛰어나지. 반면 공기는 열 전도성이 낮아. 솜이 든 점퍼가 따뜻한 이유야. 점퍼 속 공기가 단열재 역할을 하거든.

복사는 뜨거워진 물체가 눈에 보이지 않는 적외선이라는 형태로 열을 방출하는 걸 가리키는 말이야(45쪽). 우리는 피부의 감각을 통해 그 열을 느낄 수 있어. 우리가 불을 만지지 않아도 손이 따뜻하게 느껴지는 것도 그 때문이지.

대류는 31쪽에서 본 것처럼 뜨거워진 공기가 팽창하고 솟으면서 에너지를 운반하는 것을 말해. 액체에서도 이런 일이 일어나지. 그래서 따뜻한 물이 덜 따뜻한 물 위로 올라가.

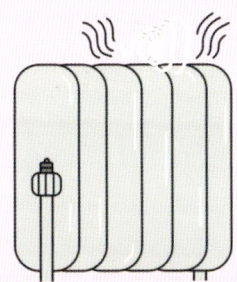

🧪 빙글빙글

온수 방열기는 대류와 복사 현상을 이용해서 방 안을 덥혀. 31쪽에 나왔던 뱀 모양의 종이를 작동 중인 방열기 위에 올려놔 봐. 그럼 빙글빙글 돌 거야.

증발

사람은 땀을 흘려서 열을 식혀. 몸의 열로 인해 땀은 수증기로 바뀌지. 마치 주전자로 물을 끓일 때처럼 말이야. 이렇게 땀이 증발하는 과정에서 몸이 식는 거야.

🧪 선풍기 바람이 시원한 이유

선풍기는 공기를 시원하게 만드는 게 아니라 피부에서 땀을 빠르게 증발시켜서 시원하게 해 주는 거야. 온도계로 선풍기 앞과 뒤에서 각각 온도를 재 봐. 차이가 없을 거야.

쪄 죽거나 얼어 죽거나

우주는 뜨겁고, 동시에 차가워. 우주 정거장에서 햇빛을 받는 쪽은 섭씨 120도까지 올라가지만, 그늘진 쪽은 영하 150도 아래로 떨어져. 우주 유영을 하는 우주비행사가 쪄 죽거나 얼어 죽지 않으려면 온도를 조절할 수 있는 특수한 우주복이 필요해.

발견의 순간 5

온도 측정 이야기

측정 불가!

여러분이 화씨, 섭씨, 켈빈 온도 중 어떤 측정 방식을 더 좋아할지는 모르겠네. 아무튼 저 먼 우주부터 우리 집에 이르기까지, 우주의 온도 범위는 정말 무지하게 커.

1500만K / 1500만°C
어마어마하게 뜨거운 태양의 중심부.

5,800K / 5,526°C
태양의 표면.

1,973K / 1,700°C
유성이 지구의 대기를 지나며 연소할 때 마찰에서 나오는 열.

733K / 460°C
금성은 태양계에서 가장 뜨거운 행성이야. 가스 구름이 열을 가두고 있기 때문이지.

473K / 200°C
뜨거운 오븐의 온도.

327K / 54.4°C
2020년 캘리포니아 데스밸리 퍼니스 크릭에서 측정된 기록. 지구상 가장 높은 온도였지.

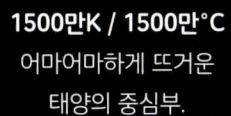

315K / 42°C
닭의 체온. 한 마리 끌어안고 있으면 따듯해질 거야!

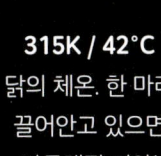

310K / 37°C
건강한 사람의 체온.

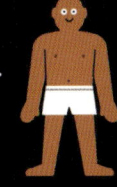

287K / 14°C
지구의 평균 온도. 지구온난화 때문에 100년 전보다 섭씨 1도가량 높아졌어.

255K / -18°C
가정용 냉장고의 냉동실 온도. 이 온도를 일정하게 유지하면 세균 때문에 음식이 상하는 것을 막을 수 있어.

184K / -89.2°C
1983년에 남극의 한 연구소에서 기록된 지구상 가장 낮은 온도.

59K / -214°C
해왕성은 태양계에서 제일 추운 행성이야. 얼어붙은 기체로 만들어진 거대한 파란 공이라고 볼 수 있지.

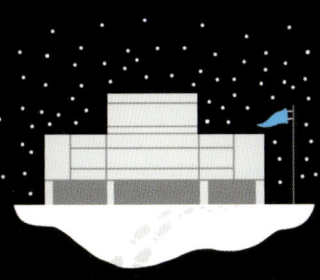

2.7K / -270°C
항성에서 멀리 떨어진 심우주의 온도는 이보다 높아지기 힘들어.

1K / -272°C
부메랑 성운의 온도는 절대 영도에 가깝고, 우주에서 알려진 공간 중 제일 추운 곳이야. 다행히도 지구에서는 5,000광년 떨어져 있어!

빛을 보다

빛은 정말 환상적이야. 우선 이 책도 빛 덕분에 읽을 수 있지. 우리가 눈으로 볼 수 있는 빛을 가시광선이라고 하는데, 대부분 태양에서 나와. 빛을 연구하는 물리학 분야를 광학이라고 해. 가시광선은 빛을 파장의 크기에 따라 구분한 전자기 스펙트럼(44~45쪽)의 작은 일부에 불과하지. 그런데 우리 눈을 믿어도 될까?

🧪 무지개 만들기

얕은 접시에 물을 채우고 비스듬하게 거울을 걸쳐 놓고, 거기에 햇빛이나 손전등을 비춰 봐. 그런 다음 반사된 빛에 종이를 가져다 대면 무지개가 나타날 거야!

하얀색이 아니면 뭔데?

햇빛의 하얀색은 사실 무지개의 여러 색을 모두 섞어 놓은 색이야. 신경질쟁이 아이작 뉴턴이 1665년에 이것을 밝혀낸 덕분에 유명해졌지(13쪽). 뉴턴은 특별한 형태의 유리 조각인 프리즘을 이용해서 햇빛을 펼쳐 놓았지.

파동이 아니면 뭔데?

과학자들은 처음에 빛이 에너지가 있는 작은 입자들의 흐름이라고 생각했어. 시간이 조금 흐른 뒤, 이 입자를 광자라고 부르기로 했지. 그런데 시간이 더 흐르고, 빛이 연못에 번지는 잔물결 같은 파동처럼 운동한다는 것이 밝혀졌어. 오늘날 물리학자들은 빛을 파동이자 입자라고 생각해. 덕분에 빛을 이해하기가 훨씬 더 어려워졌지.

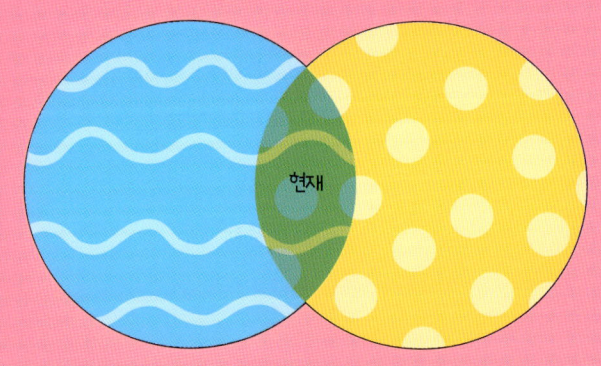

햇빛의 색

무지개처럼 빛이 펼쳐진 것을 스펙트럼이라고 해. 무지개는 햇빛이 공기 속의 물방울을 통과하면서 굴절되고 분산되면서 만들어지지. 물방울이 여러 개의 작은 프리즘처럼 작용하거든. 무지개는 빨강, 주황, 노랑, 초록, 파랑, 남색, 보라, 이렇게 일곱 가지 색의 띠로 이루어진 것처럼 보이지만, 사실 일곱 가지 색 사이사이에 수많은 색이 들어 있어. 각각의 색은 저마다의 파장을 갖고 있는데(44~45쪽), 빨간색의 파장이 가장 길고 보라색의 파장이 제일 짧아.

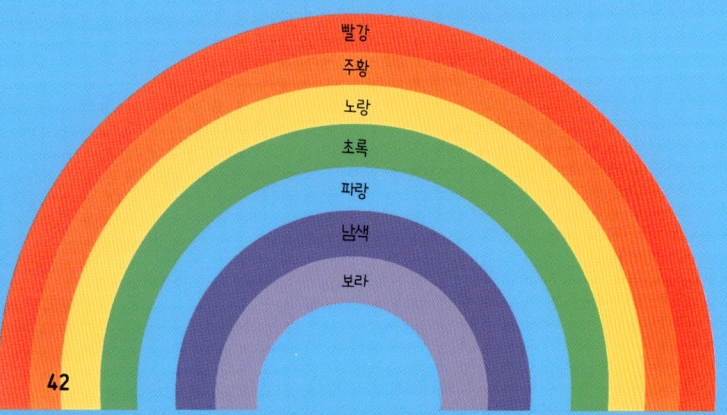

빛의 반사

우리가 물체를 볼 수 있는 것은 물체에서 반사된 빛이 눈에 들어오기 때문이야. 나뭇잎은 초록색 빛은 반사하고 다른 색 빛은 흡수하지. 하얀 물질은 모든 색의 빛을 반사하고, 이 책의 글자를 찍어 낸 잉크처럼 어두운 물질은 대부분의 빛을 흡수해. 유리나 공기같이 투명한 물질은 빛을 그냥 통과시키지.

거울아, 거울아

빛은 직선으로 움직여. 물체와 그 물체의 그림자의 모양이 똑같은 이유야. 그리고 거울은 빛이 들어온 각도와 같은 각도로 빛을 반사해. 하지만 거울이 모두 평평한 것은 아니지. 휘어진 거울에 물체를 비추면 실제보다 더 커 보이기도 하고, 정말 이상한 모습으로 보이기도 해!

🧪 올록볼록

반짝이는 숟가락의 움푹한 면을 한번 들여다봐. 여러분 얼굴이 물구나무서기하고 있는 모습으로 보일 거야. 반대로 볼록한 면을 들여다보면, 이번에는 똑바로 서 있을 거야. 코는 엄청나게 커 보이겠지만 말이야!

오목거울

볼록거울

과속 금지!

빛의 속도에는 깨뜨릴 수 없는 우주의 법칙이 하나 숨어 있어. 빛은 완벽한 진공에서 초속 299,792,458미터로 움직이는데, 세상 그 무엇도 이보다 빠를 수 없어. 물체가 이 속도에 가까워지면 이상한 일이 벌어지지(57쪽). 태양에서 나온 빛이 지구에 오는 데는 8분밖에 안 걸려. 뭐가 그리 급한지!

빛을 휘어 볼까?

빛은 유리나 물 같은 물질을 통과하면 속도가 느려지면서 휘어져. 굴절이라고 하는 이런 현상 때문에 사물이 우리 눈에 보이는 모습도 달라지지. 안경, 망원경, 확대경의 렌즈는 이런 성질을 이용해 만든 거야. 수영장 물이 실제보다 얕아 보이는 이유도 굴절 때문이야!

굴절 때문에 연필이 휘어져 보여.

🧪 물방울 돋보기

투명한 플라스틱 필름 조각 위에 물 한 방울을 떨어뜨려 봐. 이 물방울을 통해 보면 모든 것이 더 커 보일 거야. 물방울 위쪽의 볼록한 부분이 볼록렌즈의 역할을 하기 때문이지.

43

파동에 몸을 맡겨 봐

120년 전, 이탈리아의 물리학자 굴리엘모 마르코니가 보이지 않는 에너지 파동을 이용한 무선 통신을 개발했어. 장거리 통신이 가능해진 거야. 이 파동을 이용해서 라디오 방송도 들을 수 있고, 화성 표면을 탐사하는 로봇도 조종할 수 있지.

라디오파(전파)는 감마선, 엑스선(X선), 가시광선, 극초단파 등과 함께 전자기파의 일부야.

이제 나와 함께 파동을 들여다볼까?

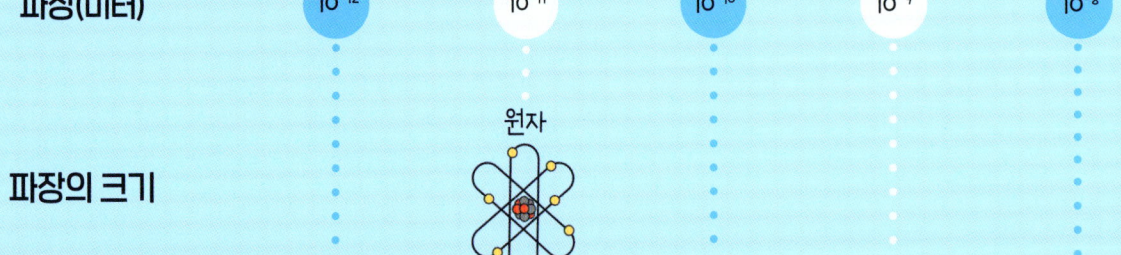

파장(미터)	10^{-12}	10^{-11}	10^{-10}	10^{-9}	10^{-8}	10^{-7}
파장의 크기		원자				바이러스 입자
파동의 이름		감마선			엑스선(X선)	자외선

감마선은 불안정한 원자핵에서 나와(46쪽). 전자기파 중에서 파장은 제일 짧고 에너지는 가장 크지. 살아 있는 세포에도 아주 위험한 파동이야.

우연히 발견된 엑스선(X선)은(47쪽) 우리 몸속을 보는 데 사용하고 있어. 의사들은 환자가 엑스선을 많이 쬐지 않도록 늘 조심하지. 태양 같은 항성과 블랙홀에서도 엑스선이 방출돼.

자외선(UV)은 햇빛에 들어 있어. 피부에서 몸에 이로운 비타민 D를 합성하는 역할도 하지만, 피부를 태우기도 하지. 새와 곤충 중에는 자외선을 볼 수 있는 종이 많아. 자외선을 비추면 특별한 무늬가 드러나는 꽃도 있어.

파동 만들기

19세기에 물리학자들은 전기와 자기가 서로 연관되어 있음을 이해하기 시작했어(53쪽). 전기장과 자기장이 상호작용하면 보이지 않는 에너지 파동을 만들어 내는데, 이 파동을 '전자기파'라고 해. 전자기파가 퍼져 나가는 현상은 '전자기 복사'라고 하지.

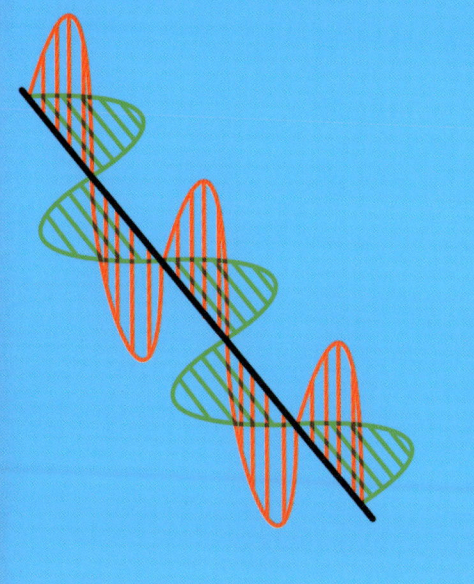

긴 파장과 짧은 파장

전자기파의 에너지는 파동의 형태로 움직여. 이웃한 두 마루 사이의 거리를 파장이라고 하는데, 파장의 크기에 따라 전자기파를 구분한 것을 '전자기 스펙트럼'이라고 해. 전자기파의 파장은 수천 킬로미터에서 원자핵보다 작은 정도에 이르기까지 그 길이가 다양하지.

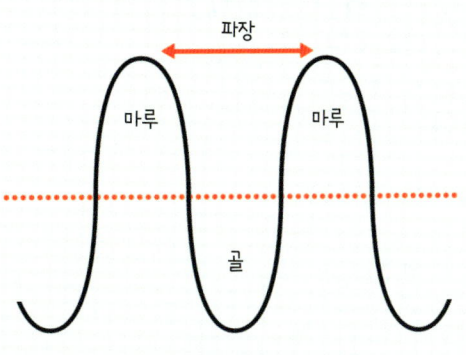

선크림을 바르는 이유

전자기파는 파장이 짧을수록 더 많은 에너지를 담고 있어. 감마선, 엑스선, 그리고 일부 자외선의 경우 생체 조직에 해를 입힐 수 있을 정도야. 여름에 선크림을 발라서 태양의 강력한 자외선으로부터 피부를 보호하는 것도 그 때문이야.

| 10^{-6} | 10^{-5} | 10^{-4} | 10^{-3} | 10^{-2} | 10^{-1} | 1 | 10^1 | 10^2 | 10^3 |

적혈구 / 사람 / 대왕고래

가시광선 / 적외선 / 극초단파 / 라디오파

가시광선은 눈으로 볼 수 있는 빛이라는 뜻이야. 예를 들면 무지개의 일곱 색이 가시광선이지. 우리 눈에서 색을 감지하는 세포는 사실 빨강, 초록, 파랑, 이 세 가지 색만 감지할 수 있어. 이 세포들이 자극을 받아 어떻게 조합하는지에 따라 뇌에서 다양한 색으로 구별하는 거야.

적외선은 가시광선의 빨간색보다 파장이 살짝 더 길어. 이 마침표 크기쯤이지. 태양을 비롯해서 모든 뜨거운 물체는 적외선을 내보내. 우리의 피부는 적외선을 열기로 느끼지.

극초단파는 휴대폰 같은 전자 기기로 메시지를 전송할 때도 사용하지만, 전자레인지로 음식을 데울 때도 사용하지.

라디오파는 텔레비전, 라디오, 통신 수단에 사용해. 이 파동은 대기를 따라 지구 전체로 퍼질 수 있어.

방사능!

감마선은 전자기 스펙트럼 중에서 가장 강력해. 그런데 감마선의 에너지는 작디작은 원자의 중심부에서 나오지. 도대체 원자가 뭐길래 이런 일이 가능한 걸까?

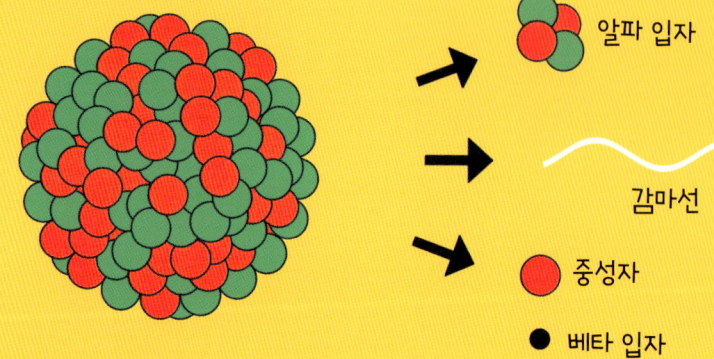

강한 힘

원자의 핵(20쪽)은 아주 작은 공간에 양전하를 띠는 양성자와 전하를 띠지 않는 중성자로 빽빽하게 채워져 있어. 양성자는 서로 밀어내려고 하지만 과학자들이 '강력'이라 부르는 힘으로 한데 묶여 있지. 강력은 우주에서 가장 강한 기본 힘이지만 원자핵 내부의 아주 짧은 거리에서만 작용해.

불안정한 원자

자연에서 볼 수 있는 원소 가운데 우라늄이나 라듐 같은 몇몇 원소는 양성자가 잔뜩 들어 있는 크고 불안정한 핵을 갖고 있어. 너무 커서 강력이 묶어 놓는 데 어려움이 많지. 강력이 양성자와 중성자를 한데 묶어 두지 못하고 불안정한 원자핵이 붕괴하면, 갖고 있던 에너지는 알파 입자와 베타 입자와 감마선의 형태로 방출돼(아래 참고). 이렇게 원자핵이 붕괴하며 에너지를 방출하는 성질을 '방사성'이라고 해. 우리 몸에 대단히 위험한 성질이야. 이때 방출된 중성자가 다른 불안정한 원자핵을 자극해서 연속적으로 원자핵 붕괴를 일으킬 수도 있어. 이것이 연쇄 핵분열 반응의 원리지.

세 가지 방사능

방사선은 세 가지로 구분할 수 있어. 모두 살아 있는 세포에 위험하지. 방사능은 원자, 분자와 충돌해서 그것을 전하를 띤 이온으로 만들어. 이렇게 생겨난 이온은 몸속 세포를 망가뜨려 암을 비롯한 여러 질병을 일으킬 수도 있지.

알파 입자 α — 양전하를 띤 헬륨 원자핵

베타 입자 β — 빠르게 움직이는 전자

감마선 γ — 고에너지 빛 파동

이 세 가지 종류의 방사능 모두 위험하지만, 침투력에는 차이가 있어. 알파 입자는 종이도 통과하지 못해. 베타 입자는 알루미늄 포일로 막을 수 있지. 감마선을 막으려면 두꺼운 납이나 콘크리트가 필요해.

약한 힘

원자핵에서 발견된 또 하나의 기본 힘이 있지. 바로 '약력'이야. 약력은 강력과 마찬가지로 원자핵의 붕괴와 관련이 있고 아주 짧은 거리에서만 작용해. 중성자가 전자를 하나 잃고 양성자가 되는 과정에도 관여하지. 이때 나온 전자는 베타 입자야.

🧪 잠바를 입으면 따뜻한 이유

잠바를 입으면 따듯하지? 그건 여러분의 몸에서 적외선 형태로 내보내는 열을 잠바가 가두고 있기 때문이야. 보통 사람의 몸에서는 100와트 정도의 에너지가 만들어져. 컴퓨터를 돌릴 수 있을 만큼의 양이지.

자석에 끌리는 이유

자석에는 마법의 힘이 깃든 것 같아! 물론 자석은 과학으로 설명할 수 있어. 그렇지만 지구에서 가장 신비로운 물질인 건 분명해. 자성을 띤 암석인 자철석 덕분에 인류는 수천 년 전부터 자석의 존재를 알고 있었어. 옛날 뱃사람들은 자철석으로 나침반을 만들어 사용했고, 요즘엔 냉장고에 재미 삼아 자석을 붙이기도 하지. 그런데 자석은 그 자체로 정말 흥미진진한 물건이야. 이쯤 되면 자석의 매력에 끌릴 때가 됐는데….

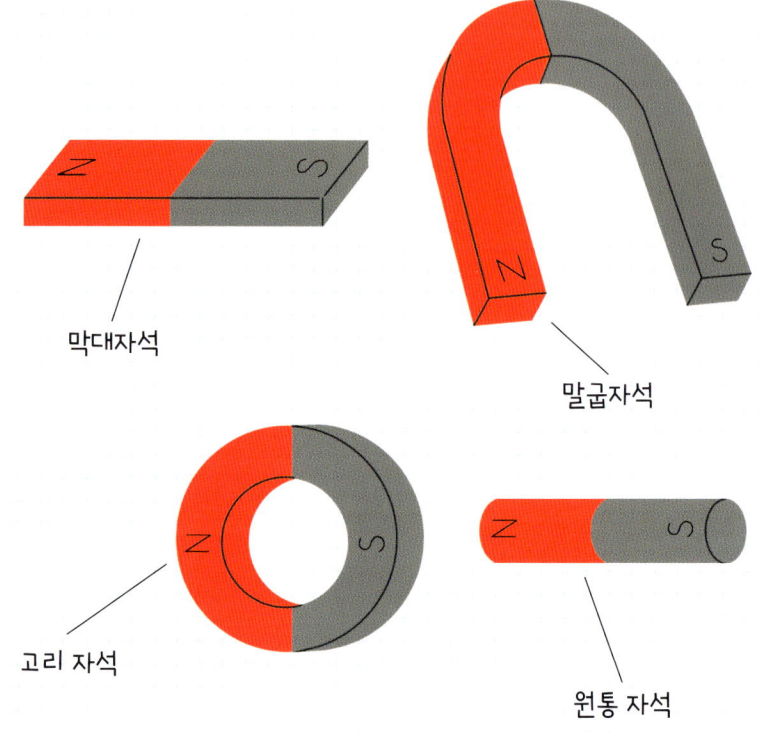

막대자석

말굽자석

고리 자석

원통 자석

스핀!

자기력은 전자들이 원자핵 둘레를 돌면서 스스로 자전할 때 생겨나는 보이지 않는 힘이야. 철, 니켈, 코발트, 네오디뮴 같은 몇몇 금속으로 만든 자석은 다른 물질로 만든 자석보다 자기력이 더 강력하지. 자석 위에 종이를 올리고 그 위에 쇳가루를 뿌리면 자석이 만드는 자기장의 모습을 눈으로 볼 수 있어.

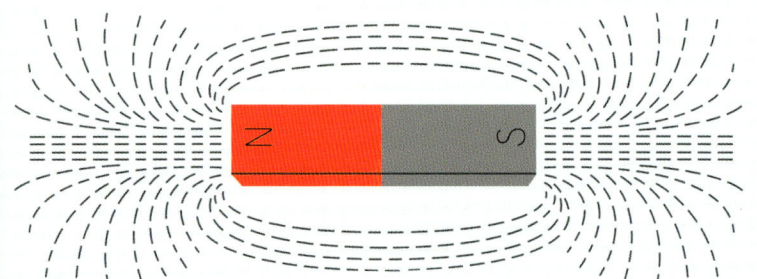

극과 극

지구에 북극과 남극이 있는 것처럼 자석에도 N극과 S극이 있어. 자석 두 개를 가까이 가져가면 N극과 S극은 서로 끌어당겨서 달라붙지. 하지만 N극과 N극, S극과 S극처럼 같은 극끼리는 서로 밀어내.

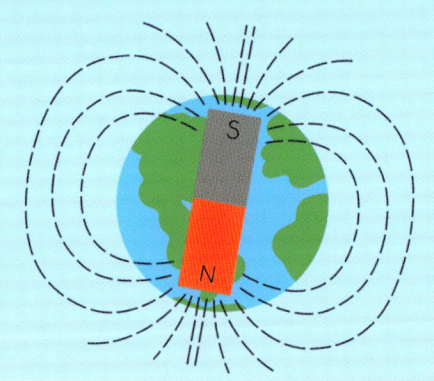

🧪 쇠못을 자석으로!

쇠못을 자석에 대고 100번 정도 같은 방향으로 반복해서 문질러 봐(찔리지 않게 조심해!). 이렇게 하면 못에 있던 전자들이 한 방향으로 정렬하면서 새로운 자석이 만들어지지. 이제 그 못으로 클립을 들어 올려 봐.

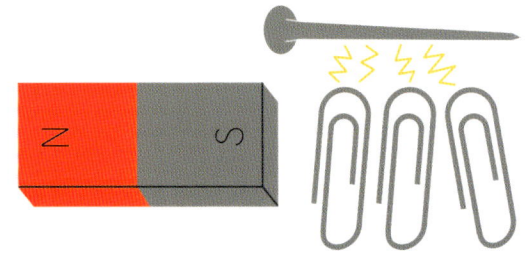

🧪 수제 나침반

자석이 된 못을 플라스틱 뚜껑에 올리고 접시에 담긴 물 위에 띄워 봐. 보이지 않는 힘이 못을 움직여서 지구의 자기장을 따라 남북 방향으로 정렬시킬 거야. 이게 바로 나침반이지!

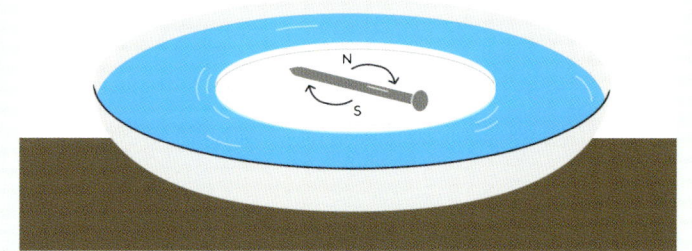

북극과 남극

1600년에 영국의 물리학자 윌리엄 길버트는 지구가 그 자체로 거대한 자석이라고 올바르게 추측했어. 붉은색으로 된 나침반의 N극은 지구의 북극을 향하지. 이 말은 지구의 북극이 사실은 지구라는 커다란 자석의 S극이라는 뜻이야. 자석은 서로 다른 극끼리 당기니까 말이지.

하늘의 빛

막대자석처럼 지구의 자기장도 양쪽 끝인 극지방에서 제일 강해. 이 자기장이 우주에서 날아오는 고에너지 입자와 만나면 소용돌이치는 아름다운 빛, 다시 말해 오로라가 생겨나지! 극지방을 여행할 때 운이 좋으면 멋진 오로라를 볼 수 있어.

숨어 있는 자석들

자석은 집 안 구석구석에서 찾을 수 있어. 냉장고 문이 단단히 닫혀 있는 것도 자석 덕분이고, 모터가 달린 장치에는 모두 자석이 들어 있지. 스피커에도 자석이 들어 있고, 이어폰에는 아주 강력한 미니 자석이 들어 있지. 이어폰을 클립에 가까이 가져가면 클립이 달라붙을 거야.

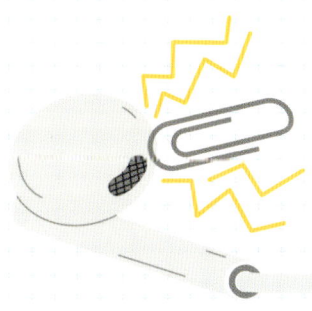

자기장을 느끼는 동물들

생명체 중에는 지구의 자기장에 민감한 것이 많아. 전서구(편지를 배달하도록 훈련한 비둘기)는 자기장을 이용해서 집으로 오는 길을 찾지. 그리고 개는 용변을 볼 때 남북 방향으로 자세를 잡을 때가 많아. 개가 산책하면서 싼 똥을 배변 봉투에 담아 오는 걸 잊지 마!

자석의 쓰임새

재활용품을 분류할 때도 자석을 사용해. 강력한 자석을 사용하면 강철이나 쇠로 만든 캔과 알루미늄 캔을 구분할 수 있지. 냉장고 자석을 가져다가 확인해 봐! 알루미늄 캔이랑 철 캔 중에 뭐가 더 잘 달라붙어?

🧪 전기를 자기로

한스 크리스티안 외르스테드는 전기와 자기 사이의 상관관계를 처음으로 알아냈어(53쪽). 전기와 자기의 관계를 집에서 간단히 확인할 수 있어. 절연 전선으로 쇠못을 칭칭 감고, 전선의 양 끝부분 피막을 벗긴 다음 1.5볼트 건전지의 양극에 한쪽씩 대고 고정해. 그런 다음 못을 클립에 가져다 대 봐! 어때, 신기하지?

찌릿찌릿 정전기

머리카락이 쭈뼛 설 만한 놀라운 사실이 있어. 풍선을 머리에 비빌 때 머리카락을 바짝 세우는 힘과 번갯불을 만들어 내는 힘이 같은 힘이라는 거야. 모두 정전기의 작용을 보여 주는 사례지.

사람들은 수천 년 전부터 정전기를 연구해 왔어. 기원전 585년, 그리스 사상가 밀레투스의 탈레스는 호박돌을 털가죽에 비비면 호박돌에 먼지와 깃털이 달라붙는다는 사실을 알아차렸지.

탈레스는 이 보이지 않는 힘의 원인은 알아내지 못했지만, 호박돌을 의미하는 그리스어인 '엘렉트론(elektron)'에서 영어로 전기를 뜻하는 '일렉트리시티(electricity)'가 나왔지. 그리고 전기의 원인이라 할 수 있는 전자를 영어로 '일렉트론(electron)'이라 부르는 것도 여기서 유래했어.

고여 있는 전기

정전기의 '정'은 움직이지 않는다는 뜻을 갖고 있어. 전기 회로의 전선을 따라 흐르는 전기인 전류와 달리(54쪽) 정전기는 고여 있는 전기지. 정전기와 전기 모두 전자의 움직임에서 생겨나지.

🧪 정전기 발생!

정전기는 어떤 물체들을 서로 비벼서 만들 수 있어. 풍선을 머리에 대고 문지르면 머리카락 분자에서 전자를 떼어 올 수 있지. 이 전자들이 풍선에 모여 풍선 전체를 음전하로 만들어. 이때 여러분의 머리카락은 양전하를 띠게 돼. 반대인 전하는 서로를 당기고, 같은 전하는 서로를 밀어내. 이것을 정전기 제1법칙이라고 부르지. 우주를 지배하는 또 하나의 법칙이야.

이온의 시간

원자와 분자는 보통 전하를 띠지 않아(20쪽). 그런데 전자를 제거하거나 추가하면 이런 균형에 변화가 생겨서 양이나 음의 전하를 띠게 되지. 이렇게 전하를 띤 입자를 이온이라고 해.

🧪 풍선을 붙여 봐

풍선을 모직 잠바에 반복해서 문지르면 음전하를 띠게 돼. 이 풍선을 벽 가까이 가져가면 풍선이 벽 표면에 있는 원자에서 전자를 밀어내서 벽은 양전하를 띠게 되지. 반대 전하끼리는 서로 끌어당기기 때문에 풍선이 벽에 찰싹 달라붙을 거야. 여기서 생긴 정전기력이 그보다 약한 중력을 이기기 때문에 풍선은 떨어지지 않아.

전자 주고받기

마찰을 이용해 만든 정전기를 마찰 전기라고 불러. 물체를 서로 문지르면 어떤 물체는 전자를 잘 잃고, 어떤 물체는 전자를 잘 붙잡지. 전자를 잘 잃는 것으로는 모직, 털가죽, 머리카락, 유리, 나일론, 실크 등이 있어. 반대로 전자를 잘 붙잡는 것으로는 호박돌, 고무, 음식을 포장할 때 쓰는 비닐 랩 등이 있지. 비닐 랩이 왜 잘 붙는지 이제 이해되지?

전자를 잘 잃는 것	전자를 잘 붙잡는 것
 양모	 호박돌
 털가죽	 고무
 유리	비닐 랩

⚗️ 이건 절대 하지 마!

번개는 구름 속에서 얼음 입자가 마찰하면서 만들어진 정전기가 거대한 불꽃을 튀기는 거야. 1752년, 미국의 발명가 벤저민 프랭클린이 번개 치는 날 금속 열쇠를 매단 연을 하늘로 띄워서 이 사실을 증명했다고 해. 그가 감전 사고를 안 당한 게 천만다행이야. 이 실험을 따라 한 몇몇 과학자는 감전됐거든!

1752

🧪 번쩍, 지지직!

어두운 방에서 풍선을 머리카락에 대고 문질러서 전하를 띠게 해 봐. 그리고 금속 숟가락을 풍선 가까이 가져다 대 봐. 둘 사이에서 작은 불꽃이 튈 거야. 이게 바로 미니 번개지. 귀에 들리는 소리는 미니 천둥이고.

🧪 휘어지는 물줄기

수도꼭지를 열어서 찬물이 가늘고 느리게 흘러나오게 한 다음, 전하를 띤 풍선을 물줄기에 가까이 가져가 봐. 물이 풍선 분자와 정전기 상호작용을 일으켜서 물줄기가 휘어질 거야.

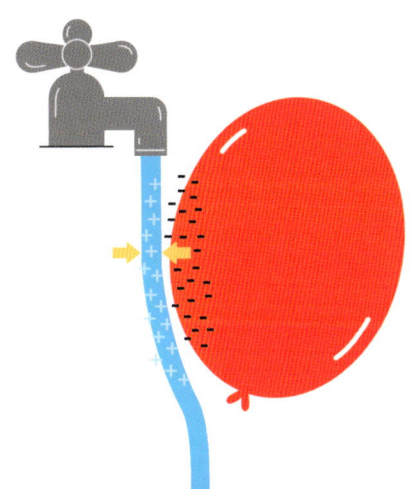

🧪 캔, 이리 와!

전하를 띠게 만든 풍선을 옆으로 눕힌 빈 알루미늄 캔 근처로 가져가 봐. 캔이 여러분의 명령을 따를 거야.

발견의 순간 7

만화로 보는 물리학의 역사

자연에서 전기를 발견한 고대 이집트인들은 충격을 받았어. 전기의 원인은 알지 못했지.

호박돌의 정전기*를 알고 있던 탈레스도 원인을 모르기는 마찬가지였어.

*50쪽을 참고해.

1600년, 자석을 연구하던 영국의 윌리엄 길버트*는 정체를 알 수 없는 이것에 '전기'라고 이름을 붙였어.

* 49쪽을 참고해.

1660년에 독일의 천재 오토 폰 게리케*가 대량의 전하를 만들어 내는 기계를 최초로 만들었어.

* 이 사람이 최초의 진공 펌프도 만들었어.

기계가 발달하며 더 쉽게 전기 연구를 할 수 있게 됐어. 1729년에 영국의 과학자 스티븐 그레이는 전하를 잘 띠는 물질과 그렇지 않은 물질이 있다는 사실을 발견했지.*

* 51쪽을 참고해.

1750년대, 연을 날리던 미국의 벤저민 프랭클린*은 전하에는 양전하와 음전하 두 종류가 있다고 생각했어.

* 51쪽을 참고해.

1790년에는 이탈리아의 루이지 갈바니가 개구리 다리에 칼을 대면 움찔하는 것을 관찰했지.

화학을 이용해서 전기를 만드는 새로운 방법을 우연히 발견한 거야.

1799년에 이탈리아의 물리학자 알레산드로 볼타가 구리 원반과 아연 원반을 소금물에 담가서 최초의 화학 배터리를 만들었어. 그의 이름을 따서 '볼타 전지'라고 해.

전기 탐정, 전기의 정체를 밝혀라!

* 20쪽을 참고해.

충격 사실! 전기는 흐름이다

오늘날 전기 덕분에 생활이 훨씬 편해졌어. 전기가 없었다면 텔레비전, 핸드폰, 인터넷, 전자레인지로 만들어 먹는 팝콘 같은 것도 없었을 거야. 여기에선 전기의 충격적인 비밀들을 알려 줄게. 배터리에서 나온 거든, 벽면 콘센트에서 나온 거든 무엇이든!

전기의 종류

전자의 흐름을 전류라고 불러. 배터리를 사용하는 단순한 회로에서는 전자가 음극(-)에서 양극(+)으로 흐르는데, 이렇게 한 방향으로 흐르는 전류를 직류(DC)라고 해. 가정이나 산업에서 사용하는 전기는 전류의 방향이 1초에 50번에서 60번 정도 바뀌어. 이것을 교류(AC)라고 불러.

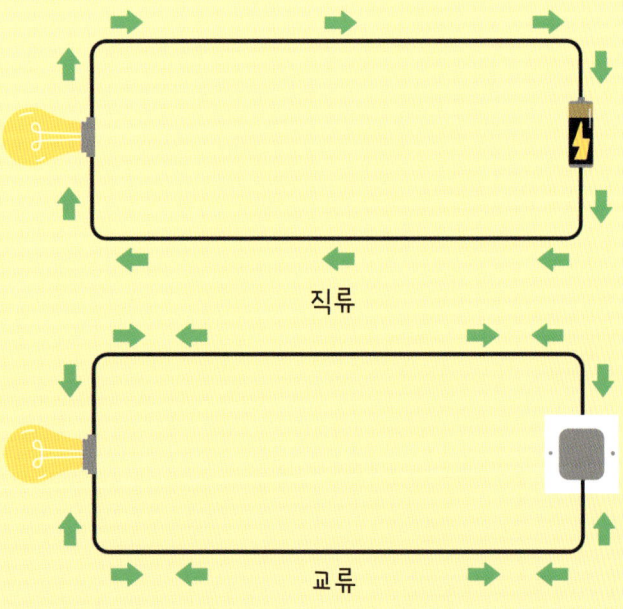

빠르면서 느린 전자

전자는 원자핵 주변을 빛의 속도에 가까운 아주 빠른 속도로 돌아다녀. 그런데 전기 회로에서는 초속 1밀리미터 정도로 움직이지. 엄청나게 느린 것 같지만 우리는 스위치만 켜면 곧바로 전기를 쓸 수 있어. 이건 한쪽 끝에서 새로운 전자를 공급하면 반대쪽 끝에 있는 전자가 즉시 밀려 나가기 때문이야. 구슬을 일렬로 줄지어 세워 놓고 한쪽 끝에 구슬을 하나 더 밀어 넣으면 반대편 끝에 있던 구슬이 밀려나는 것과 비슷하지.

안전제일

가정에 공급되는 전기는 전압이 높아서 안전하게 사용하지 않으면 큰 피해를 입을 수도 있어. 전기가 통하고 있는 전선은 절대 만지지도, 벗기지도, 갖고 놀지도 마. 그리고 전기 콘센트 안쪽이나 그 주변에는 아무것도 집어넣으면 안 돼. 특히 손가락은 절대 안 돼!

도체와 절연체

전류가 잘 흐르는 물질을 도체라고 해. 금속은 모두 도체야. 전선 피복을 벗겨 보면 구리, 철, 알루미늄 같은 금속이 들어 있는 것도 그 때문이야. 반대로 절연체는 전류가 잘 흐르지 않는 물질을 말해. 전선을 안전하게 감싸고 있는 플라스틱 피복이 좋은 사례지.

이름 붙이기 게임

전기 과학에서 사용하는 단위 중에는 전기 탐정의 이름을 딴 것이 많아 (52~53쪽). 전압은 알레산드로 볼타의 이름을 따서 볼트(V) 단위로 측정해. 전류 측정 단위는 앙드레 마리 앙페르의 이름을 딴 암페어(A)를 사용하고. 전기 저항의 단위는 독일 물리학자 게오르크 옴의 이름을 따서 옴(Ω)이라고 부르지. 셜록 옴즈와 이름이 비슷하네?

몇 볼트짜리일까?

헤어드라이어나 전기 주전자 같은 전기 장치의 플러그를 뽑고 라벨을 확인해 봐. 어떤 전압과 전류에서 사용하도록 설계했는지 쓰여 있을 거야. 주전원 전압은 나라마다 다른데, 유럽에서는 보통 220~240볼트를, 아프리카와 미국에서는 110~120볼트를 사용해. 한국에서는 몇 볼트를 쓸까? 확인해 봐!

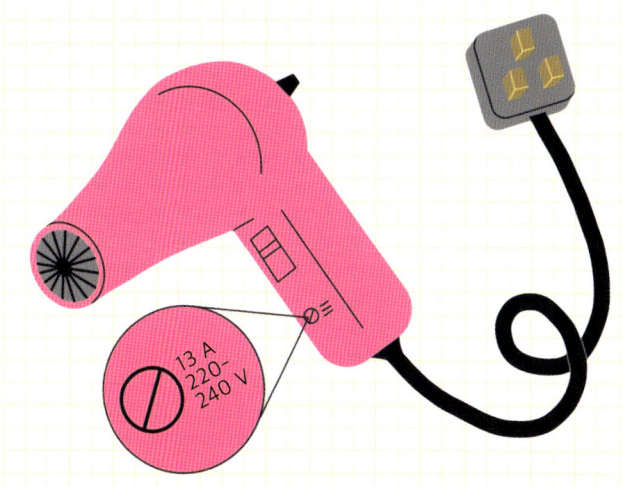

저항의 쓸모

회로를 따라 흐르는 전자는 수십억 개의 원자와 부딪히게 돼. 그러면 움직이기 힘들겠지? 이렇게 전류의 흐름을 방해하는 걸 전기 저항이라고 해. 물이 짧고 굵은 파이프보다 길고 가는 파이프를 흐를 때 오래 걸리는 것처럼 길고 가는 전선이 저항이 크지. 백열전구의 필라멘트는 아주 가늘어서 저항이 커. 이 저항을 극복하는 과정에서 전자는 열과 빛의 형태로 에너지를 잃고, 그러면 전구에 불이 들어오지! 말 그대로 전구가 번쩍하는 순간이야!

와트가 뭐지?

전기 장치의 전력을 측정하는 단위를 와트(W)라고 해. 스코틀랜드 공학자 제임스 와트의 이름을 땄지. 1와트는 1초에 1줄의 에너지를 사용한 것에 해당하는 전력이야(31쪽 참고). 장치에 붙어 있는 라벨을 보면 전력 소요량을 확인할 수 있어.

일반적인 전력 출력

절전형 전구 - 약 7와트

노트북 - 약 50와트

사람의 몸 - 약 100와트

전기 주전자 - 약 2,000와트

태양 - 약 383,000,000,000,000,000,000,000,000와트

태양 한 개만 있으면 전기 주전자 1900해 개를 작동할 수 있지. 차 한 잔 더 줄까, 래틀리?

학교에서도 아인슈타인을 그다지 좋아하지는 않았어.

너는 아무것도 못 될 거야!

세 가지 위대한 이론을 생각해 냈어.

특수 상대성 이론!****

**** 계속 읽어 봐!

그에 따르면 중력은 항성과 행성처럼 질량이 큰 물체가 보이지 않는 우주의 구조를 휘어서 생기는 거야.

헉! 완전 무거움!

놀라운 사실 하나! 1955년에 아인슈타인이 죽고 나서 확인해 보니 그의 뇌는 평균보다 오히려 작았어!

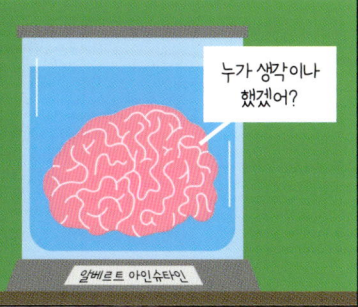

누가 생각이나 했겠어?

모두 상대적이야!

아인슈타인의 놀라운 이론에 '상대성'이라는 말이 들어가는 이유는, 같은 사건이더라도 관찰자가 어느 위치에 있느냐에 따라 보고 경험하는 내용이 상대적으로 달라지기 때문이야. 정말 괴상망측한 일이 일어날 수도 있지!

1 옴즈와 해티는 로켓을 타고 날아오르고, 래틀리는 땅에서 지켜본다고 상상해 보자. 양쪽 모두 타이머를 0에 맞추고 시작하지.

2 로켓의 속도가 광속에 가까워지면서 이상한 일이 일어나기 시작해. 광속의 90퍼센트에서는 래틀리의 눈에 로켓이 찌그러진 것처럼 보여. 하지만 옴즈와 해티의 눈에는 로켓은 정상이고, 오히려 래틀리가 가늘어진 것처럼 보이지.

3 광속의 99퍼센트에 도달하면 래틀리의 눈에 로켓이 훨씬 더 짧아진 것처럼 보여. 하지만 옴즈와 해티의 눈에는 래틀리가 실처럼 가늘게 보이지. 시간에도 이상한 일이 생겨. 로켓에 탄 이들에게는 시간이 훨씬 느리게 흘러. 옴즈와 해티가 경험하는 1시간은 래틀리의 7시간에 해당하지.

4 광속에 거의 다다른 로켓은 질량이 상상도 못 할 정도로 늘고, 길이는 더 짧게 보이지. 옴즈와 해티에게는 모든 게 정상으로 보이지만 말야. 이때 로켓에서의 1초가 지구에서는 1분이 넘지.

5 옴즈와 해티가 집으로 돌아오면 래틀리가 자기들보다 훨씬 더 늙었다는 것을 알게 될 거야. 타이머를 확인하면 래틀리가 있던 지구보다 로켓에서 시간이 훨씬 느리게 흘렀음을 알 수 있어. 이런, 래틀리만 노인이 되어 버렸네!

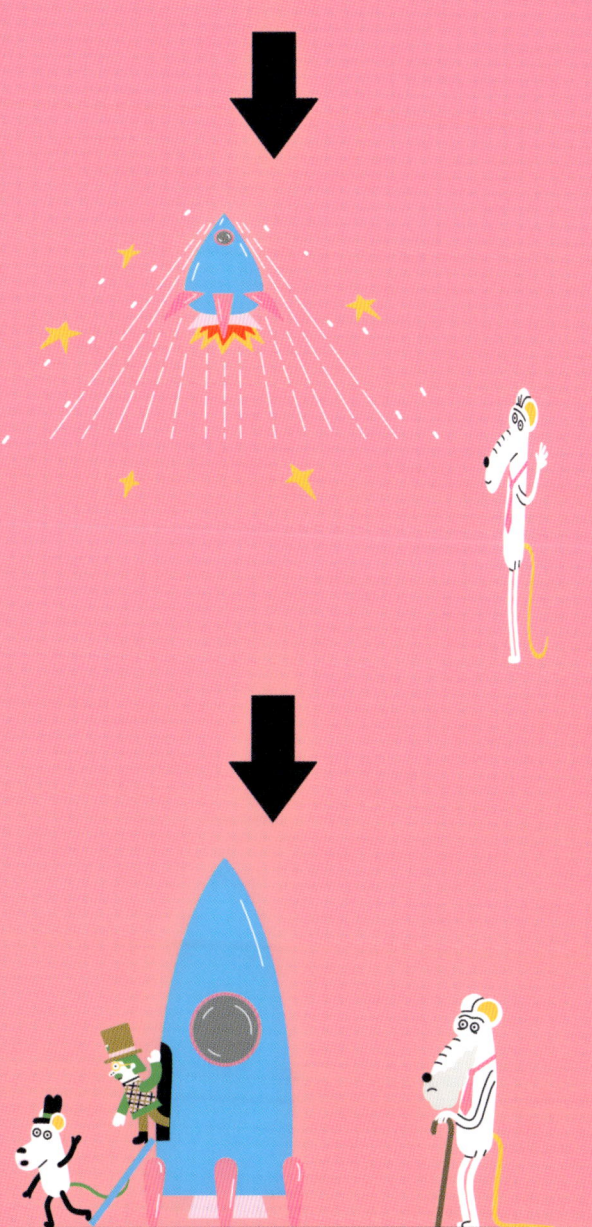

작지만 큰 의미

얼마나 작은 데까지 갈 수 있을까? 고대 그리스인들은 원자가 물질의 가장 작은 형태라 생각했어. 그 생각이 쭉 이어져 오다가 20세기 초에 전자, 양성자, 중성자를 발견했지. 오늘날에는 양자 역학이라는 이론물리학 분야에서 훨씬 작은 온갖 입자를 연구하고 있어. 양자 역학의 과학 법칙은 아직도 미스터리로 남아 있지. 지금부터 아찔해질 거야. 마음 단단히 먹어!

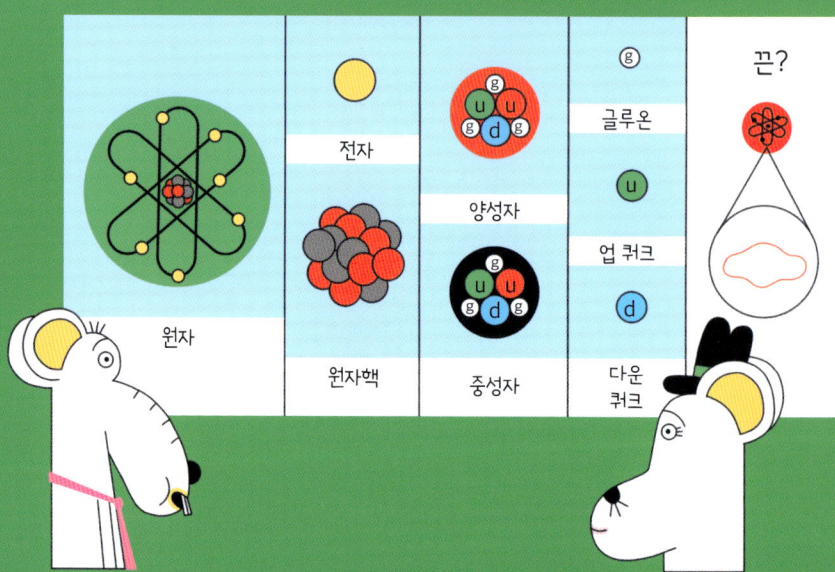

어떤 입자들이 있을까?

양성자와 중성자는 쿼크라는 더 작은 입자로 이루어져 있어. 쿼크는 글루온이라는 더 작은 입자가 한데 뭉친 것이지. 반쿼크, 뮤온, 중성미자, 보손, 광자 같은 입자도 있어. 중력을 일으키는 중력자도 존재할지 몰라. 어떤 물리학자는 시간 자체도 입자라고 생각해!

끈으로 이루어진 세상

끈 이론은 물질을 구성하는 여러 입자가 아주 작은 1차원의 에너지 '끈'으로 이루어져 있다는 복잡한 개념이야. 이 끈이 어떤 식으로 진동하느냐에 따라 어떤 입자인지 정해져. 아직 머리 안 아파?

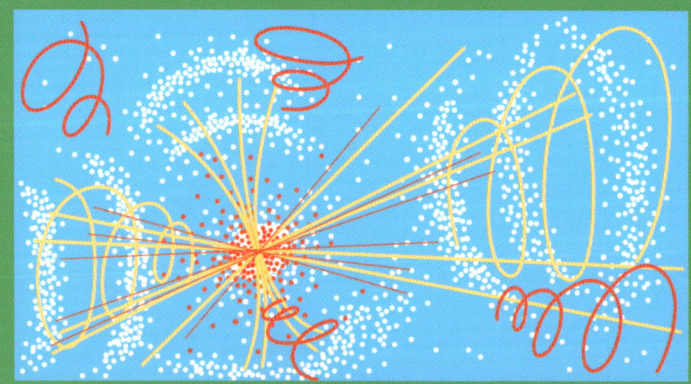

박살 내서 연구하기

양자 물리학에서 다루는 입자들은 너무 작아서 보이지 않아. 그래서 스위스 제네바의 강입자 충돌기 같은 기기를 이용하지. 양성자 같은 큰 입자를 이런 입자 가속기에서 고속으로 충돌시키고, 그때 만들어진 독특한 흔적을 보고 더 작은 입자들이 있다는 걸 확인하는 거야.

평행 우주

양자 역학은 불확정성으로 가득해. 양자 역학의 세계에서는 한 입자에 관한 모든 정보를 알아낼 방법이 없어. 어떤 입자의 속도나 질량을 알게 되는 순간, 위치는 알 수 없게 돼. 사실 우리가 관찰하기 전까지 한 입자는 동시에 두 군데 이상의 곳에 있을 수 있지. 허무맹랑한 소리로 들리겠지만 이런 이론 때문에 과학자들은 평행 우주가 존재할지도 모른다는 주장을 하게 됐지. 어쩌면 그 평행 우주에는 공룡이 여전히 살아 있거나, 여러분이 좋아하는 스포츠팀이 리그에서 우승을 하는 지구가 존재할지도 몰라. 만세!

우주에서 오직 지구뿐!

사람들은 고대 그리스 시절부터 물리학을 연구해 왔어. 지금까지 중력, 전자기력, 강력, 약력 등 네 가지 기본 힘을 확인했지. 우주를 지배하는 법칙들은 대체로 밝혀졌지만, 몇 가지 큰 수수께끼는 그대로 남아 있어.

물리학을 이해한 덕분에 우리는 컴퓨터와 TV, 스마트폰 같은 기계를 만들고, 경이로운 의학도 발전시킬 수 있었지. 기계를 이용해 지구를 변화시키고 우주여행도 갈 수 있게 되었고. 지구에 엄청나게 큰 영향을 끼치게 된 거야. 하지만 대가도 뒤따랐지.

우리에게 증기 기관, 전등, 자동차 등을 안겨 준 과학은 지구에서 살아갈 미래 세대의 삶을 위협하는 변화도 만들어 냈어. 중요한 건 우리가 살 수 있는 곳은 여기 지구밖에 없다는 사실이야.

다행히도 과학자들은 과학을 통해 실용적인 해법도 함께 만들어 내고 있어. 탄소를 배출하지 않는 깨끗한 에너지를 생산해서 지구의 온도를 유지하고, 기후 변화를 늦출 방법을 찾아내고 있지.

내가 해티, 래틀리와 함께 타고 다니는 환경친화적인 수소 연료 로켓을 예로 들 수 있어. 전기 자동차, 풍력·수력 발전소, 태양 전지도 물리학을 좋은 쪽으로 활용하는 훌륭한 사례야. 우리 모두 함께 지구를 지켜 나가자!

용어 설명

가속도: 움직이는 물체의 속도 변화율. 미터 매 초 제곱 (m/s^2) 단위로 측정한다.

감마선(γ선): 원자핵이 붕괴할 때 만들어지는 전자기파의 한 형태. 감마선은 다른 전자기파보다 파장이 짧고, 에너지가 커서 생명체에 위험할 수 있다.

고체: 분자나 원자가 고정된 위치에 촘촘하게 채워져 있는 물질의 상태.

관성: 운동 중이거나 정지해 있던 물체가 운동 상태의 변화에 저항하려는 성질.

광학: 가시광선과 자외선, 적외선 등 빛을 연구하는 물리학.

광합성: 식물이 햇빛을 화학 에너지(당분)로 바꾸고, 물과 이산화탄소를 당분과 산소로 만들어 내는 과정.

궤도 돌기(공전): 무언가가 다른 무언가의 주위를 도는 것. 행성은 항성의 주위를 돌고, 달은 지구 주위를 돌고, 전자는 원자핵 주위를 돈다.

금속: 대부분 광택이 있고, 열과 전기를 잘 전도하는 고체 상태의 물질을 통틀어 이르는 말. 주기율표에 등장하는 원소는 대부분 금속이다.

기체: 물질 상태의 하나로, 물질을 구성하는 원자나 분자가 자유롭게 움직인다. 모양과 부피를 갖지 않고 공간을 채우는 성질이 있다. 공기는 여러 가지 기체의 혼합물이다.

기후 변화: 오랜 기간에 걸쳐 일어나는 날씨와 기후 패턴의 변화. 1800년대 이후로 화석 연료를 사용하면서 급격한 기후 변화가 일어나고 있다.

대기: 지구의 중력에 붙잡혀 지구를 둘러싸고 있는 기체와 수증기로 만들어진 층. 대기는 태양 광선으로부터 지구를 보호해 준다.

대류: 뜨거운 기체나 액체가 상승해서 열을 전달하는 현상. 따듯해진 공기가 팽창해서 상승하거나, 따뜻한 물이 찬물 위로 솟는 현상이 그런 사례다.

도르래: 힘의 방향을 바꾸거나 작은 힘으로 큰 힘을 내는 단순 기계. 바퀴와 줄로 이루어져 있다.

동역학: 힘을 연구하는 물리학.

마찰력: 물체가 서로 비벼질 때 발생하는 힘.

무게: 물체에 가해지는 중력의 크기. 뉴턴(N)으로 측정한다.

물질: 약간의 예외를 제외하면 우주에 있는 거의 모든 것이 물질에 해당한다. 물질은 질량을 갖고 있고 공간을 차지하는 작은 원자들로 이루어져 있다.

밀도: 정해진 공간 속에 얼마나 많은 물질이 들어가 있는지 측정한 값. 킬로그램 매 세제곱미터 (kg/m^3) 단위를 사용해 측정한다.

방사능: 원자핵이 붕괴하면서 방출되는 입자와 파동.

배터리: 화학 에너지를 전기 에너지로 바꾸는 장치.

베타 입자(β): 중성자가 양성자와 전자로 변할 때 원자의 핵에서 방출되는 고속, 고에너지의 전자. 베타 입자는 살아 있는 조직에 해로울 수 있다.

별자리: 지구에서 봤을 때 어떤 모양이나 무늬를 그리는 별들의 무리에 붙인 이름.

보통 물질: 우리가 우주에서 관찰하고 감지할 수 있는 물질. 원소 주기율표에 있는 모든 원소는 여기에 해당한다.

복사: 입자나 파동의 형태로 에너지가 전달되는 현상. 빛, 소리, 열, 엑스선, 방사능 등이 복사를 통해 전달된다.

분자: 한 가지 원소, 혹은 여러 원소의 원자가 두 개 이상 결합한 입자.

블랙홀: 우주에 있는 막대한 질량의 물체로, 어마어마하게 작은 공간에 어마어마하게 많은 양의 물질이 들어 있다. 중력이 너무도 강해서 빛을 비롯한 그 무엇도 거기서 탈출할 수 없다.

빅뱅 이론: 우주, 그리고 그 안에 들어 있는 모든 것이 138억 년 전 거대한 폭발에서 탄생했다는 이론.

속도: 특정 방향으로 진행하는 물체의 속력.

속력: 물체가 정해진 시간 안에 지나는 거리. 미터 매 초 (m/s) 혹은 킬로미터 매 초 (km/s)로 측정한다.

알파 입자(α): 원자핵이 붕괴할 때 만들어지는 방사성 입자. 두 개의 양성자와 두 개의 중성자로 이루어졌다. 알파 입자는 살아 있는 조직에 위험하다.

암흑 물질: 보통 물질과는 다른 이론상의 물질로, 과학자들이 우주의 본질을 설명하기 위해 제안했다. '암흑'이라고 불리는 이유는 아직까지 직접 관측하지 못했기 때문이다.

암흑 에너지: 아직 정체를 알 수 없는 종류의 에너지로, 과학자들은 이것이 우주의 에너지 대부분을 차지한다고 생각한다.

액체: 원자나 분자가 느슨하게 결합해 부피는 일정하지만, 일정한 형태를 가지지 못한 물질 상태. 흐르는 성질이 있어서 용기의 형태를 따라 공간을 차지한다.

양성자: 중성자와 함께 원자핵을 이루는 입자. 양전하(+)를 띠고 있다.

양자 역학: 원자를 구성하는 더 작은 입자에 관해 연구하는 물리학 분야. 입자와 입자, 입자와 에너지가 상호작용하는 방식을 연구한다.

에너지: 일이 일어나게 만드는 힘. 위치 에너지, 운동 에너지, 전기 에너지, 화학 에너지, 중력 에너지, 열에너지, 빛 에너지, 소리 에너지, 탄성 에너지, 자기 에너지, 핵에너지, 암흑 에너지 등 다양한 종류가 있다.

엑스선(X선): 전자기파의 한 종류. 엑스선은 빛이 통과할 수 없는 물질을 뚫고 지나가기 때문에 사람의 몸속 같은 사물의 내부를 볼 때 사용할 수 있다.

열역학: 열, 일, 온도 등 여러 형태의 에너지를 연구하는 물리학.

온실가스: 지구를 둘러싼 기체 중 열을 가두어 온실 효과를 일으키는 기체를 말한다. 온실가스는 지구를 따듯하게 유지해 주지만, 너무 많아지면 지구가 뜨거워질 수 있다.

우주: 생명체, 행성, 항성, 은하, 먼지구름, 빛, 심지어 시간까지, 세상에 존재하는 모든 것.

우주 탐사선: 우주를 탐사하고 정보를 수집하기 위해 보내는 작은 무인 우주선.

운동량: 물체의 운동을 측정한 값. 질량 곱하기 속도로 구한다.

운동역학: 운동하는 물체에 관한 물리학.

원자: 화학적 속성을 갖고 있는 원소의 최소 단위. 양성자와 중성자로 이루어진 원자핵과 궤도를 따라 원자핵 주변을 도는 전자로 이루어져 있다.

원자핵: 양성자와 중성자로 이루어진 원자의 중심부.

유선형: 공기나 물의 저항을 줄이기 위해 앞부분은 둥글고 뒤쪽으로 갈수록 뾰족한 형태. 자동차, 비행기, 자전거 헬멧은 유선형으로 만든다. 쾌속정과 물고기도 몸통이 유선형이다.

유성: 우주에서 날아와 지구의 대기를 빠른 속도로 뚫고 떨어지는 바위나 금속 덩어리.

윤활: 기름을 치거나 해서 표면을 매끄럽고 미끄럽게 만들어 마찰력을 줄이는 것.

은하: 기체, 먼지, 수십억 개의 항성과 그 주변 행성들이 중력으로 한데 묶여 있는 거대한 천체 무리.

음향학: 소리와 파동을 연구하는 물리학.

일: 어떤 거리에 걸쳐 작용한 힘.

입자 가속기: 입자를 초고속으로 움직이게 만드는 거대한 기계.

자기력: 원자 주변을 빠르게 돌고 있는 전자의 회전 방식 때문에 만들어지는 보이지 않는 힘. 자기력을 가진 물체인 자석은 N극과 S극을 갖고 있다.

자외선: 가시광선과 달리 우리 눈에 보이지 않는 전자기파의 한 형태. UV라는 약자로도 표시한다. 자외선은 피부를 타게 만드는 햇빛의 성분이다.

저항: 공기 저항은 공기 속에서 움직이는 물체의 운동을 공기가 늦추는 것을 말한다. 전기 저항은 전류가 무언가를 통과하는 데 따르는 어려움을 측정한 값을 말한다. 단위는 옴(Ω)을 사용한다.

적외선: 파장이 가시광선보다 길고 극초단파보다 짧은 전자기파의 한 형태.

전도: 뜨거운 물체에서 차가운 물체로 열에너지가 이동하는 현상. 고체가 기체나 액체보다 열을 더 잘 전도하고, 그중 금속이 제일 뛰어나다.

전류: 전기회로에서 나타나는 전자의 흐름.

전자: 음전하(-)를 띠는 입자. 원자에서는 전자가 원자핵 주변을 돈다.

전자기 스펙트럼: 전자기파를 파장에 따라 분해하여 배열한 것. 감마선, 엑스선, 자외선, 가시광선, 적외선, 극초단파, 라디오파 등이 나타난다.

전자기학: 전기, 자기, 복사를 함께 연구하는 물리학.

절연체: 전류가 흐르지 않는 물질.

중력: 물체 사이에 작용하는 보이지 않는 당기는 힘.

중성자: 양성자와 함께 원자핵을 이루는 입자. 전하를 띠지 않는다.

증발: 액체가 기체로 변하는 현상. 예를 들어 물은 수증기로 증발한다.

지렛대: 무거운 물체를 움직이는 데 사용하는 단순 기계. 손잡이와 받침점으로 이루어져 있다.

진공: 그 안에 어떤 물질도 존재하지 않는 공간.

진화: 살아 있는 생명체가 환경의 변화에 반응해서 생존에 도움이 되는 방식으로 변화하는 것.

질량: 어떤 물체가 가지고 있는 물질의 양. 킬로그램(kg) 단위로 측정한다.

탄소: 지구의 거의 모든 생명체에서 발견되는 흔한 원소로 온갖 다양한 화합물을 형성할 수 있는 능력이 있다. 산소(O_2)와 결합해서 이산화탄소(CO_2)를 형성할 수 있다.

플라스마: 이온(전하를 띠는 원자 또는 분자)으로 이루어진 고에너지 기체.

핵반응: 원자핵에서 생기는 변화. 보통 방사선이 방출된다.

힘: 밀거나 당기는 것.

찾아보기

ㄱ
가속도 15
가시광선 7, 42, 44~45
갈릴레이, 갈릴레오 9, 13
갈바니, 루이지 52
감마선 44, 46~49
강력 11, 46, 59
강입자 충돌기 20, 58
게리케, 오토 폰 52
게즈, 앤드리아 25
경사면 34, 36
고체 21, 24, 28~29, 39
공간 20, 24, 41, 46, 56
공기 저항 11~12, 19, 26~27
관성 15~16
광학 7, 42
광합성 31
괴퍼트 메이어, 마리아 25
구심력 11
굴절 42~43
그레이, 스티븐 52
극초단파 44~45, 47
글루온 58
금성 23, 41
금속 38~39, 48, 51, 54,
기압 22~23, 29, 33
기어 37
기체 11, 21~22, 24, 28, 39, 41
기후 변화 32~33, 59
길버트, 윌리엄 49, 52
끈 이론 58

ㄴ
나사 35, 37
노벨상 25
뉴턴(N) 15
뉴턴, 아이작 13~18, 25~26, 42, 56
뉴턴의 운동 법칙 13~16, 54

ㄷ
달 8, 15, 18~19, 27, 33
대기 22~23, 33, 41, 45
대류 39
데시벨(dB) 29
도르래 34~37
도체 52, 54
동역학 7

ㄹ
라디오파(전파) 44~45, 47
라이트 형제(오빌 라이트와 윌버 라이트) 27
러더퍼드, 어니스트 47
렌즈 43

ㅁ
마르코니, 굴리엘모 44
마찰력 10~12, 15, 17, 26, 35
맥스웰 방정식 52, 56
맥스웰, 제임스 클러크 47, 52
모터 49, 52
무게 10~12, 15~16, 18~19, 22, 26~27, 35
무지개 42, 45
물질 4~6, 8, 11, 15, 18~21, 24, 28, 30, 42~43, 48, 51, 54, 56, 58
물질의 상태 21
물체의 속도 15
물체의 속력 15
미터 매 초(m/s) 15
미터 매 제곱 초(m/s²) 15
밀도 5, 23~25, 27
밀물과 썰물 19

ㅂ
바시, 라우라 25
바이오매스 32~33
바퀴 34~37
방사능 25, 30, 46~47
배터리 30~31, 52, 54
베르누이, 다니엘 23
베크렐, 앙리 47
베타 입자 46
벨, 알렉산더 그레이엄 29
보스, 자가디시 찬드라 47
보통 물질 20~21
보편적인 중력 법칙(만유인력의 법칙) 13
복사 39
볼타, 알레산드로 25, 52, 55
볼트(V) 49, 55
분자 20~21, 23, 28, 30, 38, 46, 50~51
블랙홀 7, 19, 25, 44, 56
빅뱅 5, 28
빌라르, 폴 47
빛 5~7, 9, 19, 21, 29~31, 42~43, 45~47, 53~56
빛의 속도(광속) 5, 29, 43, 54, 57

ㅅ
산토리오, 산토리오 40
서머빌, 메리 24
섭씨온도(℃) 40~41
셀시우스, 안데르스 40
소리 6~7, 17, 28~30
소행성 17~18
스트릭랜드, 도나 25
시간 5, 56~57
시공간 19
시나, 이븐 9
쐐기 34~37

ㅇ
아낙사고라스 8
아르키메데스 34~35
아리스타르코스 8
아리스토텔레스 8~9, 13, 18, 47
아인슈타인, 알베르트 7, 19, 56~57
알파 입자 46
알하이삼, 이븐 9
암페어(A) 25, 55
암흑 물질 21
암흑 에너지 21, 30
압력 21~24
앙페르, 앙드레 마리 53
액체 21, 24~25, 28~29, 39
약력 11, 46, 59
양력 26~27
양성자 20, 46, 58
양자 역학 58
에너지 보존 법칙 31
엑스선 44~45, 47
열 6~7, 12, 23, 30~31, 33, 38~40, 46, 55
열역학 7, 38
오로라 21
온실가스 33
옴(Ω) 55
옴, 게오르크 25, 55
와트(W) 37, 46, 55
와트, 제임스 37, 55
외르스테드, 한스 크리스티안 49, 53
우주 정거장 12, 22, 27, 32, 37, 39
운동 7, 10~16, 30, 42
운동량 16~17
운동 에너지 17, 30, 37
운동역학 7

ㅇ
원자 5, 11, 20~24, 30, 44, 46, 50, 55, 56, 58
원자핵 5, 20, 30, 33, 44~46, 48, 54, 58
음향학 7
이론 5
이온 21, 46, 50
일 7, 36~37
일률 37
일반 상대성 이론 56

ㅈ
자기력 10~11, 48
자기장 30, 45, 48~49
자석 18, 48~49, 52~53
자연 과학 6
자외선 7, 44~45, 47
자자리, 알 35
장력 11
적외선 7, 39, 45, 47
전기 6~7, 20, 30~33, 44, 47, 49~55
전도 38
전류 50, 52, 54~55
전자 20, 46, 48, 50~51, 53~55, 58
전자기 스펙트럼 42, 44~47
전자기력 59
전자기 복사 45
전자기파 30, 44~45
종단 속도 19
줄(J) 31, 55
중력 4, 10~11, 13, 15, 18~19, 22, 26, 30, 33, 37, 50, 57~59
중력 가속도 19
중성자 20, 46, 58
증발 33, 39
지렛대 34, 36~37
진공 18, 24, 28, 43
진동수 29, 47
질량 15, 17~20, 57~58

ㅊ
초음파 29
추진력 10, 26

ㅋ
칼로리(cal) 31
캐넌, 애니 점프 25
켈빈 온도(K) 38, 40~41

코페르니쿠스, 니콜라우스 9
쿼크 20, 58
퀴리(Ci) 25
퀴리, 마리 25
킬로그램(kg) 15
킬로그램 매 세제곱미터(kg/m³) 24
킬로미터 매 초(km/s) 15

ㅌ
탈레스 8, 50, 52
탄성력 11
태양열 32~33
토성 22
톰슨, 조지프 존 53
특수 상대성 이론 57
특이점 5

ㅍ
파동 7, 28, 42, 44~47
파장 42, 44~45
파렌하이트, 다니엘 40
파커 태양 탐사선 14
파커, 유진 14
패러데이, 마이클 25, 52
페인가포슈킨, 세실리아 헬레나 25
프랭클린, 벤저민 51~52
프린키피아 14
플라스마 21
플라톤 8~9, 25

ㅎ
항성(별) 5, 18
해왕성 41
핵에너지 30, 33
허셜, 윌리엄 47
허셜, 캐롤라인 25
헤로 35
헤르츠, 하인리히 25, 29, 47
헤르츠(Hz) 29
화석 연료 32~33
화성 27
화씨온도(°F) 40~41
화학 에너지 30~31, 33, 37
히파티아 25

추천의 글

김갑진(카이스트 물리학과 교수)

가끔 학생들을 만날 때면 인생의 목표가 무엇이냐고 물어보곤 합니다. 그러면 여러 학생이 행복하게 사는 것이라고 대답합니다. 맞는 말입니다. 행복하게 살 수만 있다면 그 무엇이 또 필요할까요? 그럼 어떻게 하면 행복하게 살 수 있을까요? 좋은 학교를 나오고, 좋은 직장에 다니고, 돈을 많이 벌면 행복할까요? 꼭 그렇지만은 않은 것 같습니다. 정말로 행복한 사람은 아마 자기가 하는 일을 즐기는 사람일 것입니다. 내가 하는 일이 즐겁고, 그래서 신나게 하루를 보내고, 즐겁게 보낸 날들이 모이면 인생이 행복해질 테니까요. 그런 면에서 나는 정말 행복한 사람입니다. 내가 하는 일이 너무 즐겁거든요!

나는 과학자입니다. 과학자 중에서도 물리학자입니다. 물리학이란, 말뜻에서 알 수 있듯이 만물의 이치를 연구하는 학문입니다. 아주 작은 원자부터 저 큰 우주의 신비에 이르기까지 이 세상 모든 것의 원리를 탐구하는 경이로운 학문이죠. 그렇다고 스케일에 압도당할 필요는 없습니다. 사실 궁금한 것을 해결하는 모든 것이 물리학이라 할 수 있거든요. 굳이 우주의 이치까지 가지 않더라도, 세상은 궁금한 일로 가득합니다. 그리고 그 궁금증을 해결하기 위해 무언가를 파고들어 원리를 이해하고 직접 설명할 수 있게 되면 얼마나 짜릿한지 몰라요! 이게 바로 과학을 하는 즐거움이고, 배우는 기쁨입니다.

이 책은 어린이의 손을 잡고 물리학을 탐험하는 훌륭한 안내서입니다. 재기발랄한 그림과 명쾌한 설명으로 물리학의 거의 모든 주제를 재미있게 둘러보고, 복잡한 개념들을 어렵지 않게 풀어내어 어린이가 과학의 매력에 빠져드는 첫걸음으로 알맞습니다. 특히 집에서 쉽게 할 수 있는 다양한 실험도 소개하고 있어서 과학의 즐거움을 직접 경험할 수 있게 해 줍니다. 이 책을 통해 어린이들이 과학의 경이와 재미를 몸소 느끼고, 행복한 과학자로서의 꿈을 키워 내길 바랍니다. 어서 오세요, 미래의 과학자님들!

Feel the Force: Revealing the Physics Secrets that Rule the Universe

Text copyright © Mike Barfield 2023
Illustrations copyright © Lauren Humphrey 2023
Design copyright © Laurence King Publishing Ltd.

Mike Barfield and Lauren Humphrey have asserted their rights under the Copyright, Designs and Patents Act 1988, to be identified as the author and illustrator of this work.

Korean translation © 2024 WONDERBOX

The original edition of this book was designed, produced and published in 2023 by Laurence King Publishing Ltd., London under the title *Feel the Force: Revealing the Physics Secrets that Rule the Universe*. All rights reserved.

This Korean edition was published by WONDERBOX in 2024 by arrangement with Laurence King Publishing Ltd. through KCC(Korea Copyright Center Inc.), Seoul.

이 책은 (주)한국저작권센터(KCC)를 통한 저작권자와의 독점 계약으로 원더박스에서 출간되었습니다. 저작권법에 의해 한국 내에서 보호를 받는 저작물이므로 무단 전재와 복제를 금합니다.

친애하는 친구 존 댄과 돌아가신 물리학 교육의 슈퍼 영웅 헤들리 선생님을 기리며 이 책을 바칩니다. 그리고 필에게도 큰 감사의 마음을 전합니다.

어린이를 위한 모든 순간의 물리학
과학 탐정 셜록 옴즈와 함께 밝히는 시공간과 우주의 비밀

2024년 5월 22일 초판 1쇄 발행

글	마이크 바필드
그림	로렌 험프리
번역	김성훈
감수	김갑진
펴낸이	류지호
편집	이기선, 김희중, 곽명진
디자인	쿠담디자인
펴낸 곳	원더박스 (03169) 서울시 종로구 사직로10길 17, 301호 대표전화 02-720-1202 팩시밀리 0303-3448-1202 출판등록 제2022-000212호(2012. 6. 27.)

ISBN 979-11-92953-31-1 (77420)

- 잘못된 책은 구입하신 서점에서 바꾸어 드립니다.
- 스마트폰으로 QR코드를 스캔하면 도서 목록으로 연결됩니다.
- 독자 여러분의 의견과 참여를 기다립니다.
  블로그 blog.naver.com/wonderbox13, 이메일 wonderbox13@naver.com